D1809057

デザートの組み立て方
L'ESTHÉTIQUE du DESSERT

進化する甘味の世界

1998年に初めて石井君と出逢って以来、

すでに8年の時が流れた。

シェフ石井義昭の料理に対するこだわりと、

そこから創り出される独自の世界は、

いまなお進化し続けている。

つねに自然に目を向けて感性をみがき、

真白な皿をキャンバスに見立てて

己の研ぎ澄まされたイメージを独特な方法で表現する。

そこには、自分への厳しさも同時に存在することに他ならない。

これまで彼が培ってきた自然への理解、フランス料理文化への敬意、

そして天性の感覚から、この本のデザートは創り出された。

フランス料理の技法をベースに進化し続ける、

石井義昭の甘味の世界が堪能できることだろう。

料理人として、今後ますます技にみがきをかけるとともに、

彼の後に続くであろう若き料理人たちを

情熱をもって指導してくれることを期待している。

ラ・ロシェル　オーナーシェフ

坂井宏行

La Rochelle

Hiroyuki Sakai

自然と文化を愛する創作力

Ishii は 1990 年に私の厨房で働いた経験をもつ。
以来、メゾン・ド・ブリクールの一部が
彼のものになったと言えるだろう。
最初から、彼の真面目さと情熱には感銘を受けた。
いまやキャリアを積み、料理人としての重みは加わってはいるものの
料理に対する一心不乱なところは当時と変わらない。
偉大な料理人なら、だれでも自然と四季との関係を大切にして
料理をつくるが、彼も例外ではない。
このデザートの本には、
自然や日本文化に対する彼独特の表現と愛情が詰まっている。
フルーツすべてを主役にし、
その味わいやコントラストを才能豊かに、
技術本位にならず、
あくまで素材を尊重して表現しているのだ。
彼の仕事には、" 地球村 " の住人たちの心をつなぐ
コンテンポラリーな創作力を感じる。

メゾン・ド・ブリクール　オーナーシェフ
オリヴィエ・ロランジェ
Les Maisons de Bricourt
Olivier Rœllinger

目次　sommaire

デザートのメソッド
La MÉTHODE du DESSERT

写真　野口健志
AD, デザイン　中村善郎　Yen
デザインアシスタント　村越恵理　Yen
編集　美濃越かおる

デザートづくりの前に

材料の分量は、＊印を付けたもの以外は約4人前の分量です。
＊印付きのものは、4人前では少なすぎてつくれないため、もっ
と多い分量になっています（混ぜたり、加熱したり、ミキサー
やアイスクリームマシンにかけたりしやすい最低分量）。

本書では、シロップや果汁やピュレの糖度単位にブリックス％
を採用しています。ブリックス％はブリックス計で測定できま
す（詳しくは写真とともにP.268で解説）。ブリックス計を入手
できない読者のために、おおまかな分量の目安を記します。
　　ブリックス12％―――水500ml＋グラニュー糖約65g
　　ブリックス17％―――水500ml＋グラニュー糖約100g
　　ブリックス24％―――水500ml＋グラニュー糖約150g

シルパットは、高温加熱に耐えられるシリコン製シートの商品
名で、材料が付着しにくい特性があります。

粉材料はすべてふるって使用します。

ゼラチンの分量は、ふやかす前の乾燥時の重さを記しています。

バターと表記したものは無塩バターを表し、塩を含むものは有
塩バターと表記しました。

卵の分量で個数表記になっているものは、2Lサイズ（65g）を
使用しています。

フランボワーズピュレ、パッションフルーツピュレなど、とく
につくり方が記されていないフルーツピュレ類は、市販品を使
用しています。

1回使ったヴァニラビーンズとは、煮たり、漬けたりして1回
使用したさやを、水洗いして乾燥させたものを指します。1回
使ったものは香りが弱まっており、控えめに香らせたいときに
これを利用します。

ビドフィックス、トレモリーヌ（トレモリン）、パールアガー、
パラチノースは、すべて製菓材料の商品名です。P.268に商品
説明を掲載しました。

レシピ中に、一部フランス語の料理用語を使用しています。
　　アッシェ＝みじん切り
　　アンフュゼ＝材料を液体に浸し、香りや味を液体に移す
　　キャラメリゼ＝砂糖などを加熱して茶色に焦がす
　　グラティネ＝材料を上火で焼いて表面に焼き色をつける
　　ピケ＝パイ生地などに小さな穴を開ける

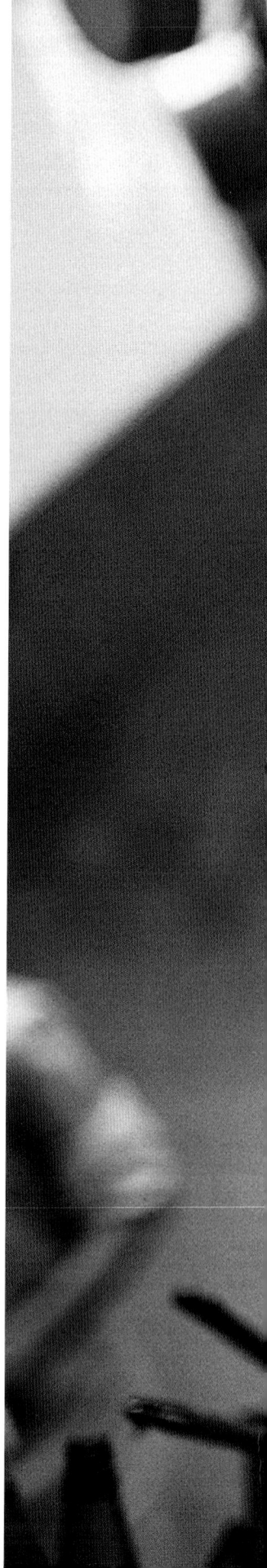

デザートの美学

L'ESTHÉTIQUE du DESSERT

49 RECETTES et 318 ÉLÉMENTS

長方形のブルーベリー──
シガレットにブルーベリーコンフィチュールとチョコレートを詰め、セロリの甘煮を添えて
**Rectangle de myrtille, cigarette farcie à la confiture de myrtille et au chocolat amer,
branche de céleri sucrée**

四角い世界のなかで際立つブルーベリーの丸いフォルム、
コンポートで抽出した美しいルビィ色──色と形がデザートに息吹を与える。
こしょうのかすかな香りとチョコレートのコクで、ブルーベリーのフレッシュ感を引き立てて。

Bases	ベース

A ブルーベリーのコンポート＊
赤ワイン　140ml
水　560ml
グラニュー糖　適量
ドライハイビスカス（P.268）　5個
ブルーベリー　500g
白粒こしょう　20粒
ヴァニラビーンズ（1回使ったもの）　1本
レモン（スライス）　1/2個分

A ブルーベリーのコンポート
1 鍋に赤ワインを入れて沸かし、アルコール分を飛ばす。水を混ぜ、糖度がブリックス24％になるまでグラニュー糖を加え、火から下ろす。ドライハイビスカスを入れ、そのまま置いて90℃まで冷ます。
2 容器にブルーベリーを入れ、白粒こしょう、ヴァニラビーンズ、レモンも入れる。ここに90℃に冷めた1のシロップを注ぎ、そのまま置いて粗熱を取る。冷蔵庫に入れて最低2日間マリネする。

Eléments Principaux	メインパーツ

B ブルーベリームースのケーキ

くるみのビスキュイ・ジョコンド＊
アーモンドパウダー　100g
粉糖　100g
薄力粉　24g
全卵　2個
くるみ（みじん切り）　40g
8分立てのメレンゲ（P.267）　卵白100g＋グラニュー糖24g
溶かしバター　20g

B ブルーベリームースのケーキ

くるみのビスキュイ・ジョコンド
1 アーモンドパウダー、粉糖、薄力粉をよく混ぜ合わせ、ボウルに入れる。ここに溶きほぐした全卵を2～3回に分けて混ぜ入れていく。
2 生地が白っぽくなったら、みじん切りにしたくるみを加え混ぜる。
3 8分立てのメレンゲの2/3量を2回に分けて2に混ぜ入れる。ゴムベラでさっくりと混ぜること。
4 3の一部をすくい取って溶かしバターと混ぜる。これを残りの3の生地と合わせる。
5 残りのメレンゲを混ぜ入れる。
6 天板に厚さ2～3mmに薄く流し、上火220℃、下火210℃のオーヴンで7分ほど焼く。

ブルーベリーのムース
ブルーベリーのコンポート（A、汁ごと）　75g
板ゼラチン（冷水に浸けてふやかす）　4g
キルシュ　4g
8分立ての生クリーム（乳脂肪分38％）　50g
ムラング・イタリエンヌ（P.267）　20g

ブルーベリーのムース
1 ブルーベリーのコンポートをミキサーに入れ、煮汁も適量（ミキサーを回せる程度の量）入れて攪拌し、ピュレにする。濾す。
2 1の一部（板ゼラチンを溶かせる程度の量）を取り、沸かない程度に温め、ふやかした板ゼラチンを入れて溶かす。残りのピュレと合わせ、キルシュを混ぜ入れる。
3 8分立ての生クリームを混ぜ入れ、ムラング・イタリエンヌも混ぜる。

ココナッツ風味のブランマンジェ

牛乳　125g

ココナッツフレーク　20g

グラニュー糖　20g

板ゼラチン（冷水に浸けてふやかす）　3.5g

生クリーム（乳脂肪分38%）　75g

組み立て

ブルーベリー　適量

ココナッツ風味のブランマンジェ

1 牛乳を鍋に入れて火にかけ、沸騰したらココナッツを入れ、火から下ろしてふたをして3分間蒸らす。

2 グラニュー糖を加え混ぜ、ふやかした板ゼラチンを入れて溶かす。

3 生クリームを混ぜ入れ、沸騰直前まで温めた後、濾して冷ます。

組み立て

1 角型の内側を水でぬらし、ラップフィルムを密着させて貼り付ける。

2 ブルーベリーを半分に切る（断面が完璧に平らになるようにきれいに切る）。断面を下に向けて型の底にびっしりと並べる。

3 ココナッツ風味のブランマンジェをブルーベリーが隠れるくらいまで流し、冷やし固める。

4 3の上に丸のままのブルーベリーをびっしりと並べ、上からブルーベリーのムースを流す（ブルーベリーが隠れるまで）。

5 くるみのビスキュイ・ジョコンドをのせ、再び冷やし固める。

Eléments Complémentaires　　　　　サブパーツ

C コンフィチュールを詰めたシガレット

ブルーベリーのコンフィテュール＊

ブルーベリー　200g

グラニュー糖　120g

レモン汁　10g

C コンフィチュールを詰めたシガレット

ブルーベリーのコンフィテュール

1 フードプロセッサーにブルーベリー、グラニュー糖、レモン汁を入れて撹拌する。

2 1を鍋に入れて火にかけ、とろみがつくまで弱火でゆっくりと煮詰める。

シガレット

バター（室温に戻す）　38g

粉糖　50g

卵白　30g

薄力粉　30g

シガレット

1 室温に戻したバターと粉糖をボウルに入れ、クリーム状になるまでよく混ぜ合わせる。

2 卵白を溶いてコシを切り、1に少量ずつ加えて泡立て器でよく混ぜ合わせる。

3 薄力粉を加え、グルテンが出ない程度にまんべんなく混ぜ、濾す。

4 シルパットの上に3の生地を仕上げたい長さの楕円形に薄くぬり広げ、160℃のオーヴンで8〜10分ほど（色づくまで）焼く。

5 熱いうちに丸箸に巻き付け、冷え固まったら箸を外す。

グラスロワイヤル

卵白　10g

粉糖　65g

レモン汁　2g

グラスロワイヤル

1 ボウルに卵白、粉糖、レモン汁を入れ、泡立て器で丹念に混ぜた後、濾す。

ガナッシュ

チョコレート（カカオ分66%）　50g

生クリーム（乳脂肪分38%）　50g

トレモリーヌ（P.268）　5g

ガナッシュ

1 チョコレートは細かくきざむ。鍋に生クリームとトレモリーヌを入れて火にかけ、沸騰したら火から下ろし、チョコレートを加えて溶かす。

組み立て

1 グラスロワイヤルをパラフィン紙の上に細長く絞る（長さはシガレットに揃える）。その上にシガレットを押し付けてのせる。

2 グラスロワイヤルが固まったらパラフィン紙をはがし、シガレットの空洞にブルーベリーのコンフィテュールを詰め、ガナッシュを両端に詰めてふさぎ、ガナッシュが固まるまで置く。

D ブルーベリーのジュレ *

ブルーベリーのコンポート（A）　200g
ブルーベリーのコンポートの煮汁（A）　200g
板ゼラチン（冷水に浸けてふやかす）　10g

D ブルーベリーのジュレ

1 ブルーベリーのコンポートを煮汁とともにミキサーに入れ、攪拌してピュレにする。

2 1のピュレの一部（ゼラチンを溶かせる程度の量）を取って沸かない程度に温め、ふやかした板ゼラチンを入れて溶かす。残りのピュレと合わせ、濾す。容器に移して冷やし固める。

Sauces / ソース

E チョコレートソース *

チョコレート（カカオ分66%）　75g
ココアパウダー　75g
グラニュー糖　300g
水　270g

E チョコレートソース

1 チョコレートは細かくきざんでボウルに入れ、ココアパウダーも入れる。

2 グラニュー糖と水を小鍋に入れて沸かし、シロップをつくる。4回に分けて1に混ぜ入れ、濾す。

F ブルーベリーとココアのソース *

ブルーベリーのコンポート（A）　100g
ブルーベリーのコンポートの煮汁（A）　100g
ココアパウダー　8g
白こしょう（砕く）　少量
コリアンダー（砕く）　少量
葛粉　少量

F ブルーベリーとココアのソース

1 ブルーベリーのコンポートを煮汁とともにミキサーに入れ、攪拌してピュレにする。

2 鍋に1のピュレ、ココアパウダー、砕いた白こしょうとコリアンダーを入れ、火にかける。ココアパウダーを溶かし、沸騰したら水溶きした葛粉を加えてとろみをつけ、濾す。

G クレーム・パティシエールのソース

クレーム・パティシエール（P.250）　適量
6分立てのクレーム・シャンティイ（P.267、乳脂肪分48%、6%加糖）　クレーム・パティシエールの2割

G クレーム・パティシエールのソース

1 クレーム・パティシエールと6分立てのクレーム・シャンティイを混ぜ合わせる。

1 ブルーベリームースのケーキ
白層はココナッツ風味のブランマンジェ、ピンク層はブルーベリームース、底はくるみ入りビスキュイ。ブルーベリーの断面を見せて

2 コンフィチュールを詰めたシガレット
ブルーベリーコンフィチュールを詰めて端をビターなガナッシュで固め、グラスロワイヤルをぬって

3 ブルーベリーのジュレ
こしょうと赤ワインがかすかに香る、ルビィ色の美しいジュレ

4 チョコレートソース
カカオ分66%のチョコレートを使ったシックでほろ苦いソース

5 ブルーベリーとココアのソース
ブルーベリーコンポートのピュレにココアパウダーを混ぜてどこまでも深い紅色に

6 クレーム・パティシエールのソース
クレーム・パティシエールを生クリームでゆるめてソースに

7 セロリのコンポート
セロリの茎の一番内側に小さな若い茎が隠れている。これをシロップ漬けにして

8 付け合わせのブルーベリー3種類
コリアンダーとこしょう風味の生クリーム、チョコレートソース、アプリコットジャムを空洞に絞り、セロリ葉の素揚げを差して

9 フレッシュブルーベリーの粉糖がけ

Hセロリのコンポート

セロリの芯＊　2本

シロップ（糖度ブリックス22％）　適量

＊セロリの茎の一番内側に隠れている若い茎

I 付け合わせのブルーベリー3種類

コリアンダーとこしょう風味のクリーム＊

生クリーム（乳脂肪分45％）　100g

グラニュー糖　6g

コリアンダーパウダー　少量

白こしょう（挽く）　少量

セロリ葉の素揚げ

セロリの小さな若葉　12組

揚げ油、粉糖　各適量

組み立て

ブルーベリー　12個

チョコレートソース（E）　適量

アプリコットジャム（濾して煮詰める）　適量

Hセロリのコンポート

1 セロリの芯を縦半分に切り、沸騰湯でやわらかくなるまでゆでる。

2 鍋でシロップを沸かして火から下ろし、1のセロリを入れて完全に冷えるまで漬けておく。

I 付け合わせのブルーベリー3種類

コリアンダーとこしょう風味のクリーム

1 生クリームにグラニュー糖とコリアンダーパウダー、白こしょうを入れて泡立てる。

セロリ葉の素揚げ

1 セロリの小さな若葉を素揚げする。油を切って粉糖をかける。

組み立て

1 バリエーション1：ブルーベリーの空洞にコリアンダーとこしょう風味のクリームを詰め、セロリ葉の素揚げを差す。

2 バリエーション2：ブルーベリーの空洞にチョコレートソースを詰め、セロリ葉の素揚げを差す。

3 バリエーション3：ブルーベリーの空洞に濾して煮詰めたアプリコットジャムを詰め、セロリ葉の素揚げを差す。

盛り付け

ブルーベリー　4個

粉糖　適量

盛り付け

1 ブルーベリームースのケーキ（B）を型から取り出し、上下を返して（ビスキュイが下になる）、1人前の大きさに切り出す。これを皿に盛り、上にコンフィチュールを詰めたシガレット（C）をのせる。

2 ブルーベリーのジュレ（D）を長方形にすくい取って盛り、セロリのコンポート（H）を汁気を切って盛る。

3 チョコレートソース（E）、ブルーベリーとココアのソース（F）、クレーム・パティシエールのソース（G）を流す。

4 付け合わせのブルーベリー3種類（I）を並べる。

5 ブルーベリーを1粒のせ、粉糖をふるいかける。

さくらんぼうにタイムの花を香らせて
Cerises Satonishiki sur le sentier aux fleurs de thym

ヌガティーヌのタワーの中には、タイムの花の香りのさくらんぼうのムース、コンポート、
クレーム・ハテインルール、チョコレートソースが層になって詰まっている。
チェリーピンクのエスプーマを添え、タイムの花を散らして。

| Bases | ベース |

A さくらんぼうのコンポート
さくらんぼう（佐藤錦）　300g
シロップ（糖度ブリックス20％）　50g
カンパリ　20g
グレナデンシロップ　20g
レモン（スライス）　1個分
ヴァニラビーンズ（1回使ったもの）　2本
タイムの花　15g

A さくらんぼうのコンポート
1　さくらんぼうは縦に一筋切れ目を入れ、容器に入れておく。
2　鍋でシロップを沸かし、カンパリ、グレナデンシロップ、レモン、ヴァニラビーンズを入れる。レモンにほぼ火が通ったら、火から下ろす。80℃に冷めたら、1の容器に注ぎ入れる。
3　氷水に当てて冷やし、30℃以下に冷めたらタイムの花を入れ、冷蔵庫に入れて2日間マリネする。

| Eléments Principaux | メインパーツ |

B ヌガティーヌのケース
アーモンドスライス　175g
フォンダン　300g
水飴　200g
バター　25g

B ヌガティーヌのケース
1　アーモンドスライスを160〜170℃のオーヴンで薄く色づくまで焼く。
2　鍋にフォンダンと水飴を入れ、キャラメル色になるまで加熱し、1を加え混ぜる。
3　火から下ろしてバターを混ぜ入れ、シルパットの上に流し、上にもシルパットをかぶせ、めん棒で薄くのばす。
4　160〜170℃のオーヴンに入れて温め、やわらかくなったら取り出し、再びめん棒でできるだけ薄く（アーモンドスライスの厚みくらい）のばす。
5　8cm×11cmの長方形と直径3.5cmの円形を切り取る（1人前各1枚）。長方形の方は、またオーヴンで温めてやわらかくもどし、直径3cmのめん棒に巻きつけて、高さ8cmの筒形に整える。円形の方は、盛り付けるときにふたとして使う。

C さくらんぼうのコンフィチュール
さくらんぼう（佐藤錦）　100g
グラニュー糖　50g
水　30ml
レモン汁　4g

C さくらんぼうのコンフィチュール
1　さくらんぼうは縦半分に切って種を取る。
2　グラニュー糖と水を鍋に入れ、115℃になるまで熱し、1のさくらんぼうを入れてゆっくりと煮詰める。
3　ジャム状に煮詰まる少々手前でレモン汁を加え、ひと混ぜして火から下ろす。

1 さくらんぼうのタワー
アーモンドのヌガティーヌのケースの中は、さくらんぼうのコンフィテュール、マスカットのクレーム・シャンティイ、さくらんぼうのコンポート、軽いクレーム・パティシエール、チョコレートソース、さくらんぼうのムースが層になって詰まっている

2 さくらんぼうのエスプーマ
チェリーピンクのジュレをソーダサイフォンでアワアワにしたラブリーなエスプーマ

3 さくらんぼうのソース
さくらんぼうをたっぷりのタイムの花とともにコンポートして、そのシロップをソースに。うっとりするような甘い香り

4 さくらんぼうのコンポートに軽いクレーム・パティシエールを詰めて

5 フレッシュさくらんぼうにマスカットのクレーム・シャンティイを詰めて

6 ムラング・イタリエンヌを混ぜた軽いクレーム・パティシエール

7 タイムの花と葉を散りばめて

D マスカットのクレーム・シャンティイ

生クリーム（乳脂肪分42％）　100g

粉糖　6g

ミュスカ・ド・ボーム・ド・ヴニーズ✽　20ml

E 軽いクレーム・パティシエール

クレーム・パティシエール（P.250）　100g

ムラング・イタリエンヌ（P.267）　20g

F さくらんぼうのムース

さくらんぼうのコンポート（A、汁ごと）　100g

板ゼラチン（冷水に浸けてふやかす）　2g

ミュスカ・ド・ボーム・ド・ヴニーズ✽　15ml

8分立ての生クリーム（乳脂肪分38％）　70g

✽マスカットからつくられる甘口デザートワイン。

D マスカットのクレーム・シャンティイ

1 生クリームに粉糖を加えて泡立て、ミュスカ・ド・ボーム・ド・ヴニーズを混ぜ入れる。

E 軽いクレーム・パティシエール

1 クレーム・パティシエールとムラング・イタリエンヌを混ぜる。

F さくらんぼうのムース

1 さくらんぼうのコンポートのへたと種を取り、ミキサーに入れ、ミキサーを回せる程度の煮汁も加え、攪拌してピュレにする。濾す。

2 1を適量（ゼラチンを溶かせる程度の量）取り、ミュスカ・ド・ボーム・ド・ヴニーズを加える。これを沸かない程度に温めて、ふやかした板ゼラチンを入れて溶かす。

3 2と残りの1のピュレを合わせ、8分立ての生クリームを混ぜ入れる。

Eléments Complémentaires

サブパーツ

G さくらんぼうのエスプーマ

さくらんぼうのコンポートの煮汁（A）　300ml

はちみつ（アカシア）　20g

カンパリ　10g

グレナデンシロップ　5g

葛粉　少量

板ゼラチン（冷水に浸けてふやかす）　4g

フロマージュブラン（乳脂肪分40％）　60g

G さくらんぼうのエスプーマ

1 鍋にさくらんぼうのコンポートの煮汁、はちみつ、カンパリ、グレナデンシロップを入れて沸かす。水溶きした葛粉を加えてとろみをつける。

2 1をボウルに移し、ふやかした板ゼラチンを入れて溶かし、濾す。

3 フロマージュブランを混ぜ入れ、冷蔵庫で十分に冷やす（1日冷やすのが理想的）。

4 3をかき混ぜてゼラチンのコシを切り、ソーダサイフォンに注ぎ入れ、ガスを注入し、よく振ってから使う。

Sauces

ソース

H チョコレートソース

チョコレート（カカオ分66％）　50g

ココアパウダー　50g

シロップ　グラニュー糖200g＋水180g

H チョコレートソース

1 チョコレートを細かくきざんでココアパウダーとともにボウルに入れ、湯せんにかけて溶かす。

2 熱いシロップを1に注ぎ入れて混ぜる。室温に置く。

I さくらんぼうのソース

さくらんぼうのコンポートの煮汁（A）　100ml

はちみつ（アカシア）　20g

葛粉　適量

I さくらんぼうのソース

1 さくらんぼうのコンポートの煮汁とはちみつを鍋に入れ、沸かす。水溶きした葛粉を加えてとろみをつける。室温に冷ます。

盛り付け

ヌガティーヌ用ジェノワーズ（P.262） 厚さ2mm、
　直径3cmの円形4枚
さくらんぼう　適量
キャラメル　適量
タイムの花　適量
タイムの葉　少量

盛り付け

1 ヌガティーヌ用ジェノワーズにさくらんぼうのコンポートの煮汁
　（A）をしみ込ませ、ヌガティーヌのケース（B）の底にはめ込み、皿に
　のせる。

2 マスカットのクレーム・シャンティイ（D）の約8割量を取り分け、さ
　くらんぼうの4つ切りを適量混ぜる。

3 軽いクレーム・パティシエール（E）の8割量を取り分け、さくらんぼ
　うのコンポート（A）の4つ切りを適量混ぜる。

4 1のヌガティーヌのケース中に、以下の順番で下から具を詰めていく
　（カッコ内は分量のバランス）。さくらんぼうのコンフィチュール（C：
　2割強）→2のクリーム（2割強）→3のクリーム（2割強）→チョコレ
　ートソース（H：少量）→さくらんぼうのムース（F：3割強）。最後に円
　形ヌガティーヌ（B）でふたをする。

5 4の上に軽いクレーム・パティシエール（E）を少量絞り、種を取って
　マスカットのクレーム・シャンティイ（D）を詰めたさくらんぼうを
　のせる。

6 生のさくらんぼうに縦に切り目を入れて種を取り出し、中にマスカ
　ットのクレーム・シャンティイ（D）を詰める（1人前5〜6個）。同様
　にしてコンポートのさくらんぼう（A）には軽いクレーム・パティシ
　エール（E）を詰める（5〜6個）。それをヌガティーヌのケースの周り
　に交互に並べ、隙間に軽いクレーム・パティシエール（E）を絞る。

7 さくらんぼうを縦半分に切って種を取り、キャラメルを糊代わりに
　してヌガティーヌのケースに2〜3片貼り付ける。

8 さくらんぼうのエスプーマ（G）をサイフォンから絞って添え、さく
　らんぼうのソース（I）を流し、タイムの花とごく少量の葉を散らす。

タイムの花

ダークチェリーのローストをココナッツアイスクリームにのせて

Cerises de Bing rôties à la citronnelle et au porto,
crème glacée au coco et à la vanille en tartelettes fines

ダークチェリーをはちみつキャラメルでこっくりとローストし、レモングラスとポルト酒を香らせる。
ココナッツ風味のクレープでつくったタルトレットに、ココナッツ風味のヴァニラアイスクリームを詰めて。

Eléments Principaux	メインパーツ

A ローストチェリー＊

ダークチェリー　36個
レモングラスの根元（タイ産）　1本
ヴァニラビーンズ（1回使ったもの）　6本
はちみつ　40g

A ローストチェリー

1 ダークチェリーは縦に一筋、隠し包丁を入れる。レモングラスは、緑の葉の部分ではなく、根元の太い部分を使い（日本産は香りが弱いのでタイ産を使用）、せん切りにする。
2 ヴァニラビーンズは3〜4cm長さに切り、フライパンで軽く空煎りして香りを出しておく。
3 鍋（銅鍋がよい）にはちみつを入れて火にかけ、キャラメル色に色づいたら火から下ろし、1のダークチェリーを並べ入れ、レモングラスとヴァニラビーンズをのせる。180℃のオーヴンで3分ローストするが、途中2回ほど鍋にたまった焼き汁をすくってチェリーの上に回しかける。
4 鍋からダークチェリーを取り出す。鍋に残った焼き汁は、ソースに使うのでそのままにしておく。

B ココナッツクレープのタルトレット

薄力粉　70g
ベーキングパウダー　1.5g
ココナッツフレーク　15g
全卵　1個
グラニュー糖　50g
溶かしバター　10g
牛乳　60g
澄ましバター　適量
チョコレート（溶かす）　適量

B ココナッツクレープのタルトレット

1 ボウルに合わせてふるった薄力粉とベーキングパウダーを入れ、ココナッツフレークも混ぜる。
2 全卵とグラニュー糖をよく混ぜ合わせ、1に混ぜ入れる。溶かしバターを加え混ぜ、牛乳も混ぜ入れる。
3 フライパンに澄ましバターを熱し、2の生地をクレープの要領で直径13cm程度に薄く流し、両面とも焼く。室温に冷ます（1人前1枚）。
4 直径8cm、高さ1.7cmのセルクルに3のクレープを敷き込み、浮かないように重しを入れて、180℃のオーヴンで20〜25分ほど空焼きする。
5 4が冷めたら、内側に溶かしたチョコレートをぬる。

C キャラメルクリスタリン

パラチノース（P.268）　適量
ポワブルローズ（粉）　適量

C キャラメルクリスタリン

1 シルパットの上に、直径4.5cmのセルクルを置き、その中にパラチノースをふり入れる（1人前1枚）。
2 セルクルを取り、上にもシルパットをかけ、鉄板をのせて、180℃のオーヴンで10分加熱する。
3 上にかけたシルパットをはがし、ポワブルローズの粉を少々ふる。

1 ローストチェリー
はちみつキャラメルでダークチェリーをこっくりロースト。レモングラスとヴァニラがふわっと香る

2 ココナッツクレープのタルトレット
ココナッツ風味のクレープをセルクルに敷いて空焼きしてケースに

3 ココナッツとヴァニラのアイスクリーム
牛乳でココナッツとヴァニラをアンフュゼしたリッチなアイスクリーム

4 キャラメルクリスタリン
ダイエットシュガーで薄い硝子板状の飴をつくり、チェリーとアイスクリームを仕切る

5 ローストチェリーのソース
ローストチェリーの焼き汁をポルト酒と熟成バルサミコでのばす。ジャワこしょうの香り

6 ヴァニラと水飴のコニャックソース
水飴にコニャックを混ぜたとろんと透明なリキッドに、ヴァニラビーンズを散りばめて

7 アングレーズソース

8 アーモンドテュイルのケース
薄いテュイルケースの中に、ダークチェリーのコンフィテュールとガナッシュを詰めて

9 プラチナ色のシュクル・フィレと金箔で、ノーブルなプレゼンテーション

Dココナッツとヴァニラのアイスクリーム*
牛乳　1.2L
ヴァニラビーンズ　2本
ココナッツフレーク　200g
卵黄　12個
グラニュー糖　220g
ビドフィックス（P.268）　5g
6分立ての生クリーム（乳脂肪分42%）　300g

Dココナッツとヴァニラのアイスクリーム

1 鍋に牛乳を入れ、裂いて種子をこそげ出したヴァニラビーンズをさやごと入れ、ココナッツも入れて沸かす。ふたをして火から下ろし、5分間蒸らす。
2 ボウルに卵黄とグラニュー糖を入れ、白っぽくなってもったりするまで泡立てる。
3 2に1の牛乳を少量ずつ濾し入れて混ぜ合わせる。これを再び鍋に戻し、火にかけてとろみがつくまで混ぜながら加熱する。氷水に当てて粗熱を取る。
4 ビドフィックスに1つまみのグラニュー糖を混ぜ、3に混ぜ入れる。
5 生クリームを4に混ぜ入れる。
6 アイスクリームマシンにかける。
✣容量が1L以下の小型アイスクリームマシンでつくる場合は、生クリームを混ぜる前の4をアイスクリームマシンにかけ、とろみがついてきたら6分立てに泡立てた生クリームを加えて最後まで仕上げるとよい。

Eローストチェリーのソース
ローストチェリーの焼き汁（A）　全量
はちみつ（りんごの花）　40g
ポルト酒（赤）　100ml
バルサミコ酢（熟成もの）　30ml
ジャワこしょう（P.268）　適量

Eローストチェリーのソース

1 ローストチェリーの焼き汁の残った鍋に、はちみつ、ポルト酒、バルサミコ酢（十分に熟成したまろやかなタイプ）を入れ、火にかけてアルコール分を飛ばし、キャラメル状になるまで煮詰める。
2 1を濾し、ジャワこしょうを少々挽き入れる。

Fヴァニラと水飴のコニャックソース
水飴　100g
ヴァニラビーンズ（種子のみ）　1.5本分
コニャック　20g

Fヴァニラと水飴のコニャックソース

1 水飴にヴァニラの種子を混ぜ、2割量のコニャックを混ぜる。

Gアーモンドテュイルのケース
薄力粉　45g
グラニュー糖　75g
塩　1g
卵白　60g
溶かしバター　25g
アーモンドスライス　50g

Gアーモンドテュイルのケース

1 薄力粉、グラニュー糖、塩を合わせてふるい、ボウルに入れる。
2 卵白のコシをよく切り、1に混ぜ入れ、溶かしバターも混ぜ、アーモンドスライスも混ぜ入れる。冷蔵庫に入れて2～3時間休ませる。
3 シルパットの上に、2の生地を3.3cm×11.5cmの長方形に薄くぬり広げ（P.258のように型紙を使うとよい）、180℃のオーヴンで8分ほど焼く。
4 熱いうちに、直径3cmのめん棒で筒状に巻いて固定し、冷え固まったらめん棒を抜く。

H ダークチェリーのコンフィテュール
ダークチェリー　正味120g
グラニュー糖　60g
水　20ml
レモン汁　8ml

I コニャックのガナッシュ＊
チョコレート（カカオ分56%）　100g
生クリーム（乳脂肪分38%）　100g
トレモリーヌ（P.268）　10g
コニャック　15ml

J シュクル・フィレ＊
パラチノース（P.268）　500g
水　200g

盛り付け
アングレーズソース（P.242）　適量
金箔　適量

H ダークチェリーのコンフィテュール
1 ダークチェリーはヘタと種を取り除いておく。
2 鍋にグラニュー糖と水を入れて火にかけ、115℃に煮詰める。ここに
　1のダークチェリーを入れ、混ぜながらゆっくりと煮る。
3 チェリーが煮くずれてきたら、レモン汁を加えてひと混ぜし、レモ
　ンの酸味が飛んだら火から下ろす。

I コニャックのガナッシュ
1 チョコレートは細かくきざんでボウルに入れ、湯せんで溶かす。
2 鍋に生クリームとトレモリーヌを入れて沸かし、1に加え混ぜる。
3 コニャックを混ぜ入れ、バットに1.5cm厚さに流して固め、1.5cm角
　に切る。

J シュクル・フィレ
1 鍋にパラチノースと水を入れて170℃まで煮詰める。
2 261ページの要領で、フォークなどを使って飴を糸状に何筋にも引き、
　手で丸く整える。

仕上げ

盛り付け
1 皿にココナッツクレープのタルトレット（B）を置く。中にココナッ
　ツとヴァニラのアイスクリーム（D）を詰め、キャラメルクリスタリ
　ン（C）をのせる。その上にローストチェリー（A）を5個並べ、シュク
　ル・フィレ（J）をのせ、金箔を飾る。
2 1の脇にアーモンドテュイルのケース（G）を置き、ダークチェリーの
　コンフィテュール（H）を半分くらいまで入れ、コニャックのガナッ
　シュ（I）を1個のせる。ローストチェリー（A）を1個飾り、ロースト
　チェリーで使ったレモングラスとヴァニラビーンズを添える。
3 ローストチェリーのソース（E）、ヴァニラと水飴のコニャックソース
　（F）、アングレーズソースを流す。

ライムのスフレ
Soufflés chauds à la saveur de citron vert

ライムがさわやかに香る小さなスフレ。
シュワッと溶けるふわふわのスフレではなく、小気味よい弾力感のしっかりめの口当たり。
底にはダージリン風味のショコラクリュとバナナソテーが隠れている。

Bases	ベース

Aダージリン風味のショコラクリュ
ミルクチョコレート　240g
ダージリン紅茶葉　9g
湯　27g
生クリーム（乳脂肪分42%）　90g
水飴　24g
コニャック　2g

Aダージリン風味のショコラクリュ
1 ミルクチョコレートを細かくきざんでボウルに入れ、湯せんにして溶かす。
2 ダージリンの茶葉を湯に入れて3〜4分蒸らし、1に注ぎ入れる。
3 鍋に生クリームと水飴を入れて沸かし、ここに2を加え、コニャックも混ぜる。
4 バットに濾し入れ、粗熱を取る。

Bバナナソテー
バナナ　約1/2本
バター　適量
グラニュー糖　適量
レモン汁　少量

Bバナナソテー
1 バナナは1cm角に切る。
2 フライパンでバターとグラニュー糖を熱し、茶色になったらバナナを入れ、角がくずれない程度にソテーし、取り出して冷ます。
3 色止めのためにレモン汁をかける。

Cアパレイユ＊
発酵バター（室温に戻す）　55g
強力粉　55g
牛乳　200g
卵黄　4個

Cアパレイユ
1 室温に戻した発酵バターと強力粉を泡立て器でよく混ぜ合わせる。
2 牛乳をぬるめに温め、1に少量ずつ混ぜ込んでいく。溶きほぐした卵黄も混ぜ入れる。
3 鍋に移して火にかけ、混ぜながら加熱する。クレーム・パティシエールよりもやや重いくらいの濃度になったら、ボウルに移して粗熱を取る。

ダージリンショコラとバナナソテーを詰めたライムスフレ

Eléments Principaux	メインパーツ

Dライムスフレ生地
アパレイユ（C）　160g
ムラング・イタリエンヌ（P.267）
　卵白　40g
　シロップ　グラニュー糖35g＋水20g
ライムの皮（すりおろす）　1個分
ライム果汁　10ml

Dライムスフレ生地
1 ボウルにアパレイユを入れ、ムラング・イタリエンヌの1/3量を加えてよく混ぜ、ライムの皮とライム果汁も混ぜ入れる。
2 残りのムラング・イタリエンヌを2回に分けて混ぜ入れる。

1 ダージリンショコラとバナナソテーを詰めたライムスフレ

カップの底にはダージリン風味のショコラクリュとバナナソテー。ジェノワーズで中蓋をし、ライムスフレ生地を流して焼き上げる。粉糖をふわっとかけ、熱あつをサーヴ

2 ガレットで包んだライムとダージリンショコラのスフレ

そば粉のガレットでライムスフレ生地、ダージリン風味のショコラクリュ、バナナソテー、しょうがのシロップ漬けを包んで焼いて

3 ライムソース

ライムの果汁と皮を使った香り高いトロピカルなソース

組み立て・盛り付け

ジェノワーズ（P.262）　厚さ1mm、カップの直径サ
　イズ4枚
粉糖　適量

組み立て・盛り付け

1 薄手のドゥミタスカップを用意する。内側と縁にバター（分量外）を
　ていねいにぬり、グラニュー糖（分量外）をまんべんなくまぶし付け、
　逆さにして余分を落とす。
2 1のカップにダージリン風味のショコラクリュ（A）を1cm強入れる。
　その上にバナナソテー（B）をショコラクリュの倍量ほどのせ、平ら
　にならす。ジェノワーズでふたをし、ライムスフレ生地（D）を縁ぎ
　りぎりまで流す。
3 カップの底を台にトントンと打ちつけて空気を抜き、パレットナイ
　フなどで表面を平らにする。カップの縁に付いたグラニュー糖とス
　フレ生地をきれいに拭き取る。（このスフレはムラング・イタリエン
　ヌを使っているので安定性がよく、この状態で冷蔵保存することも
　可能）
4 上火220℃、下火200℃のオーヴンで13分ほど焼く。厚手のカップを
　使う場合は、温度をやや低めにして焼成時間をやや長くする。
5 粉糖をたっぷりふる。

ガレットで包んだライムとダージリンショコラのスフレ

Eléments Principaux　メインパーツ

E そば粉のガレット

そば粉　100g
強力粉　50g
塩　少量
全卵　3個
牛乳　250g
水　200g

E そば粉のガレット

1 ボウルに合わせてふるったそば粉と強力粉を入れ、塩も混ぜる。
2 溶きほぐした全卵を加え混ぜ、牛乳と水を少量ずつ加えて溶きのば
　していく（よく混ぜて生地のコシを出す）。濾す。冷蔵庫で3～4時間
　休ませる。
3 クレープを焼く要領で熱したフライパンに薄く流し、両面とも焼く（1
　人前1枚）。
4 直径18cmの円形に切る。

Sauces　ソース

F ライムソース

シロップ（糖度ブリックス26％）　200ml
ライム果汁　1個分
葛粉　適量
ライムの皮（すりおろす）　少量

F ライムソース

1 シロップとライム果汁の9割を鍋に入れて沸かし、水溶きした葛粉
　を加えてとろみをつける。濾して冷ます。
2 ライムの皮と残りの果汁を混ぜる。

組み立て・盛り付け

しょうがのシロップ漬け⁂ 適量

粉糖 適量

削ったチョコレート（カカオ分56%） 適量

⁂極細せん切りにしたしょうがを1回ゆでこぼし、糖度ブリックス24%のシロップに1日漬けたもの。

組み立て・盛り付け

1 アパレイユ（C）とダージリン風味のショコラクリュ（A）を同割で混ぜる。

2 そば粉のガレット（E）の中央に1を適量絞り、バナナソテー（B）をのせ、しょうがのシロップ漬けを10本ほどのせ、再び1を絞る。

3 ガレットを中身を押しつぶさないようにそっと折りたたむ。裏返して天板にのせ、粉糖を軽くふる。

4 上火220℃、下火200℃のオーヴンで12分ほど焼く。

5 粉糖をふり、削ったチョコレートをのせ、ライムソース（F）を流す。

シュークリームを桜の花の色とともに
Choux à la réglisse et au miel, caramel cristallin aux fleurs de cerisier

桜の花に囲まれたシュークリーム。
シューの中には、はちみつとリコリスで甘みをつけたクレーム・パティシエールがたっぷり。
桜の香りの淡いピンク色のジュレを薄く流し、さながら水彩画のように。

メインパーツ

A リコリスとはちみつのシュークリーム

パータ・シュー
水　65g
牛乳　65g
バター　55g
塩　1.5g
薄力粉　75g
全卵　2個

リコリスとはちみつのクレーム・パティシエール
牛乳　250g
バター　10g
リコリスパウダー❖　4g
卵黄　3個
グラニュー糖　40g
はちみつ（れんげ）　40g
強力粉　10g
プードル・ア・クレーム　10g
❖リコリスはカンゾウ（甘草：マメ科多年草）の英名。
古来より、根茎のエキスが甘味料として広く利用され
ている。

組み立て
水、グラニュー糖　各適量

A リコリスとはちみつのシュークリーム

パータ・シュー
1 鍋に水、牛乳、バター、塩を入れて火にかける。沸騰したら薄力粉
を加えて火を弱め、ヘラで混ぜながら加熱する。生地がひとまとま
りになったら、溶きほぐした全卵を少量ずつ混ぜ込んでいく。
2 絞り袋に詰め、直径4cm程度に丸く絞り、190℃のオーヴンで30〜
35分焼く。

リコリスとはちみつのクレーム・パティシエール
1 鍋に牛乳、バター、リコリスパウダーを入れて火にかけ、沸騰した
ら火から下ろす。
2 卵黄、グラニュー糖、はちみつをボウルに入れ、もったりとして白
っぽくなるまで泡立てる。
3 薄力粉とプードル・ア・クレームを合わせてふるう。
4 3を2に1/3量ずつ混ぜ入れる。さっくりと混ぜ、やや粉気が残るく
らいで混ぜるのを止める。
5 1を3〜4回に分けて4に注いで混ぜる。これを濾して鍋に戻し、強
火で絶えず泡立て器で混ぜながら加熱する。なめらかなとろみがつ
き、ツヤが出てきたらできあがり。
6 バットやボウルに移して粗熱を取り、冷やす。

組み立て
1 シューの上部からリコリスとはちみつのクレーム・パティシエール
を詰める。
2 水とグラニュー糖を煮詰めて茶色いキャラメルをつくり、シューの
底部（平らな面）に付け、シルパットの上に置いて固める。

サブパーツ

B 桜のジュレ*
シロップ（糖度ブリックス18%）　220g
桜の葉　15枚
桜の花びら　30枚
ドライハイビスカス（P.268）　1/2個
板ゼラチン（冷水に浸けてふやかす）　8g

B 桜のジュレ
1 シロップを40℃くらいに温め、桜の葉と花びらを入れる。ドライハ
イビスカスも入れ、冷蔵庫に入れて2日間マリネする。
2 1のシロップを濾し、一部（ゼラチンを溶かせる程度の量）を取って
沸かない程度に温め、ふやかした板ゼラチンを入れて溶かす。残り

1 桜のジュレ
桜花と葉を漬けたシロップをジュレに。たおやかな色と香り

2 クリーム＆メレンゲ
生クリームにムラング・イタリエンヌを混ぜてふんわり、しっとりと

3 リコリスとはちみつのシュークリーム
シューの中には、リコリスとはちみつで甘みをつけたクレーム・パティシエールがたっぷり。片面にキャラメルがけ

4 桜花のキャラメルクリスタリン
ダイエットシュガーの透明な飴に、桜の花びらを閉じ込めて

5 キャラメルチョコレートソース
茶色に煮詰めたキャラメルにチョコレートとコニャックを混ぜたソース

6 桜の花のクリスタリゼ

7 桜の葉のクリスタリゼ

のシロップと合わせる。

3 提供する皿に1人前40mlを目安に薄く流し、冷やし固める。

C クリーム & メレンゲ
生クリーム（乳脂肪分45%）　100g
ムラング・イタリエンヌ（P.267）　25g

C クリーム & メレンゲ

1 生クリームを泡立て、ムラング・イタリエンヌと混ぜる。

Sauces

ソース

D キャラメルチョコレートソース
グラニュー糖　150g
水　75g
コニャック　75g
チョコレート（カカオ分66%）　100g

D キャラメルチョコレートソース

1 鍋にグラニュー糖を入れて熱し、茶色に色づいてきたら、火から下ろして水を加え、再び火にかけて溶きのばし、コニャックときざんだチョコレートを加えて混ぜる。濾して室温に置く。

Garnitures

付け合わせ

E 桜花のキャラメルクリスタリン
パラチノース（P.268）　適量
桜の花びら　適量

E 桜花のキャラメルクリスタリン

1 シルパットの上に直径5.5cmのセルクルをのせ、その中にパラチノースを軽くふり入れる。

2 セルクルを取り、上にもシルパットをかぶせ、鉄板をのせて180℃のオーヴンで8分焼く。

3 上のシルパットをはがし、溶けて飴状になったところに桜の花びらをのせ、再びシルパットをかぶせて180℃のオーヴンで2分ほど焼く。

F 桜の花と葉のクリスタリゼ
卵白　1個分
レモン汁　4〜5滴
桜の花と葉　適量
グラニュー糖　適量

F 桜の花と葉のクリスタリゼ

1 卵白を溶きほぐしてコシを切り、レモン汁を混ぜ入れる。

2 桜の花と葉の茎をつまんで1の卵白に浸し、全体にグラニュー糖をまぶす。

3 茎を糸で結び、乾燥した場所に吊して2日間乾燥させる。

Présentation

仕上げ

盛り付け
桜の花びら　適量

盛り付け

1 桜のジュレ（B）を固めた皿にキャラメルチョコレートソース（D）を流す。

2 1の皿の中央に、クリーム & メレンゲ（C）をたっぷり絞り、シュークリーム（A）をキャラメル面を上にしてのせる。その上に、桜花のキャラメルクリスタリン（E）をのせる。

3 桜の花と葉のクリスタリゼ（F）を添え、花びらを全体に散らす。

柿とジュレのコンポジション
Kaki: variétés du goût

縦長の種が目のように並ぶ百目柿は、忘れられつつある昔の品種。そのユーモラスな形をデザートに。
完熟柿の濃厚な甘みをベルベーヌのいい香り、フランボワーズのフレッシュな酸味、
カカオのほろ苦さで変化させて。

Eléments Principaux　　　　　　　　メインパーツ

A 柿のジュレ

とろとろの完熟柿　正味300g
シロップ（糖度ブリックス22%）　100g
板ゼラチン（冷水に浸けてふやかす）　5g
シナモンパウダー　2g

A 柿のジュレ

1 とろとろの完熟柿の果肉をスプーンで取り出す。
2 シロップを沸かない程度に温め、ふやかした板ゼラチンを入れて溶かす。
3 2のシロップに1の柿の果肉を混ぜ、シナモンパウダーも混ぜる。
4 バットに2cm深さに流し、冷やし固める。

B ベルベーヌのジュレ

シロップ（糖度ブリックス23%）　350g
ベルベーヌ（枝ごと）　20g
板ゼラチン（冷水に浸けてふやかす）　5g
生クリーム（乳脂肪分38%）　50g

B ベルベーヌのジュレ

1 鍋でシロップを沸かしてベルベーヌを入れ、ふたをして火から下ろして3分間そのまま置き、濾す。
2 1にふやかした板ゼラチンを入れて溶かし、粗熱を取り、生クリームと混ぜる。
3 バットに2cm深さに流し、冷やし固める。

C フランボワーズのジュレ

フランボワーズのピュレ（加糖）〕360g
水
板ゼラチン（冷水に浸けてふやかす）　6g
フランボワーズリキュール　20g
黒こしょう　少量

C フランボワーズのジュレ

1 フランボワーズのピュレに、1/4量程度の水を加えて分量を360g、かつ糖度をブリックス24%にする。
2 1の一部（ゼラチンを溶かせる程度の量）を取って沸かない程度に温め、ふやかした板ゼラチンを入れて溶かす。残りの1と合わせる。
3 フランボワーズリキュールを加え、黒こしょうを少々挽き入れる。
4 バットに2cm深さに流し、冷やし固める。

D チョコレートのジュレ

チョコレート（カカオ分66%）　100g
ココアパウダー　75g
シナモンパウダー　1g
シロップ　グラニュー糖40g＋水200g
板ゼラチン（冷水に浸けてふやかす）　8g

D チョコレートのジュレ

1 チョコレートは細かくきざみ、ココアパウダー、シナモンパウダーとともにボウルに入れ、湯せんで溶かす。
2 温めたシロップを1に注ぎ入れて混ぜ、ふやかした板ゼラチンを入れて溶かし、濾す。
3 バットに2cm深さに流し、冷やし固める。

1 柿のジュレ
とろとろ完熟柿にシナモンをほのかに香らせて、温かみのあるナチュラルなジュレに

2 ベルベーヌのジュレ
レモン香のするベルベーヌをシロップにアンフュゼし、生クリームを加えてジュレに

3 フランボワーズのジュレ
フランボワーズピュレにリキュールを混ぜ、かすかに黒こしょうを香らせたジュレ

4 チョコレートのジュレ
チョコレートをゼラチンで固めた羊羹と見紛うジュレ。シナモンがうっすらと香る

5 柿スライスのコンポート
スライス柿をシナモンの香りのシロップでコンポート。種がユーモラスな表情をつくる

6 4種類の柿形パータ・ブリック
パータ・ブリックを柿の形に切り抜いて、ココナッツ、レモン皮、黒こしょう、シナモンで4種類にアレンジ

7 柿のソース
とろとろ完熟柿をミキサーでなめらかにして

8 ベルベーヌのソース
ベルベーヌをアンフュゼしたシロップに生クリームを混ぜて

9 フランボワーズのソース
フランボワーズピュレにフランボワーズリキュールを香らせて

10 キャラメルコニャックのソース
煮詰めたキャラメルに生クリームとバターを混ぜ、コニャックを香らせて

11 クレーム・パティシエールにムラング・イタリエンヌを混ぜた軽いクリーム

12 ヴァニラを混ぜ入れたクレーム・シャンティイ

13 青りんごのような香りのエクストラヴァージンオリーブ油を4種類のジュレの上に一滴ずつ

E 柿スライスのコンポート ＊
柿　5～6個
シロップ（糖度ブリックス22％）　1L
レモン（スライス）　1/3個分
シナモンスティック　1本
葛粉　適量

E 柿スライスのコンポート

1　柿は皮をむいて5mm厚さにスライスする。
2　鍋でシロップを沸かしてレモンを入れ、レモンにほぼ火が通ったら、火から下ろしてシナモンスティックと1の柿を入れ、そのまま30～40分置く。
3　容器に移し、氷水に当てて冷やし、冷蔵庫に入れて最低2日間マリネする。
4　コンポートの煮汁を適量沸かし、水溶きした葛粉を加えてとろみをつけ、室温に冷ます。ここにコンポートした柿スライスを浸して煮汁をまとわせてから皿に盛る。

F 柿のソース
とろとろの完熟柿　適量

F 柿のソース

1　とろとろの完熟柿の果肉をスプーンで取り出し、ミキサーでなめらかにする。

G ベルベーヌのソース
シロップ（糖度ブリックス23％）　200g
ベルベーヌ（枝ごと）　10g
葛粉　適量
生クリーム（乳脂肪分38％）　20g

G ベルベーヌのソース

1　シロップを沸かしてベルベーヌを入れ、ふたをして火から下ろし、3分間そのまま置く。濾す。
2　再び沸かし、水溶きした葛粉を加えてとろみをつける。
3　粗熱を取り、生クリームと混ぜる。

H フランボワーズのソース
フランボワーズのピュレ（加糖）　適量
粉糖　適量
フランボワーズリキュール　少量

H フランボワーズのソース

1　フランボワーズのピュレをミキサーに入れ、糖度がブリックス23％になるまで粉糖を混ぜ入れる。
2　フランボワーズリキュールを少量混ぜる。

I キャラメルコニャックのソース
グラニュー糖　110g
水飴　30g
生クリーム（乳脂肪分38％）　180g
バター　90g
コニャック　全体の15％

I キャラメルコニャックのソース

1　グラニュー糖と水飴を鍋に入れ、茶色のキャラメル状になるまで煮詰める。
2　火から下ろして生クリームとバターを加え、再び火にかけて溶きのばす。
3　コニャックを混ぜる。

J 4種類の柿形パータ・ブリック
パータ・ブリック☆（市販）　20cm角の正方形4枚
澄ましバター　適量
粉糖　適量
シナモンスティック（砕く）　適量
ココナッツフレーク　少量
レモン皮（すりおろす）　少量
黒こしょう（挽く）　少量
シナモンパウダー　少量
☆フランス産の透けるくらいに薄い小麦粉生地。

K 軽いクレーム・パティシエール
クレーム・パティシエール（P.250）　適量
ムラング・イタリエンヌ（P.267）　クレーム・パティ
　シエールの3割

L ヴァニラのクレーム・シャンティイ
生クリーム（乳脂肪38％）　適量
グラニュー糖　生クリームの9％
ヴァニラビーンズ（種子のみ）　少量

J 4種類の柿形パータ・ブリック
1　厚紙で柿の形の型紙をつくる（縦6cm、横5cm）。パータ・ブリック
に型紙を当てて切り抜く（1人前4枚）。
2　シルパットに並べ、澄ましバターをぬり、粉糖をふり、へたに見立
てて砕いたシナモンを付ける。
3　ココナッツ、レモン皮、黒こしょう、シナモンパウダーをふって4
通りに仕上げる。
4　180℃のオーヴンで16分焼く。

K 軽いクレーム・パティシエール
1　クレーム・パティシエールに3割量のムラング・イタリエンヌを混
ぜる。

L ヴァニラのクレーム・シャンティイ
1　生クリームに9％のグラニュー糖を加え、ヴァニラの種子も加えて泡
立てる。

盛り付け
エクストラヴァージンオリーブ油　適量

盛り付け
1　柿のジュレ（A）、ベルベーヌのジュレ（B）、フランボワーズのジュレ
（C）、チョコレートのジュレ（D）をそれぞれ2cm×4cm×高さ2cm
の直方体に切り整える。
2　皿に1の4種類のジュレ、柿スライスのコンポート（E）、軽いクレー
ム・パティシエール（K）、ヴァニラのクレーム・シャンティイ（L）、
4種類の柿形パータ・ブリック（J）を以下の順番で並べていく。柿の
ジュレ→柿スライス→クレーム・パティシエール→ココナッツのパー
タ・ブリック（クリームに差す）、ベルベーヌのジュレ→柿スライ
ス→クレーム・シャンティイ→レモン皮のパータ・ブリック（クリー
ムに差す）、フランボワーズのジュレ→柿スライス→クレーム・パテ
ィシエール→黒こしょうのパータ・ブリック（クリームに差す）、チ
ョコレートのジュレ→柿スライス→クレーム・シャンティイ→シナ
モンのパータ・ブリック（クリームに差す）。
3　柿のソース（F）、ベルベーヌのソース（G）、フランボワーズのソース
（H）、キャラメルコニャックのソース（I）を流す。
4　4種類のジュレの上に、青りんごのような香りのエクストラヴァージ
ンオリーブ油を少量たらす。

あんぽ柿、完熟の次郎柿、チョコレートをプレッセにして、柿のソルベとともに
Anpo-kaki, Jiro-kaki mûr, chocolat pressé et sorbet Jiro-kaki

あんぽ柿や完熟柿の甘さは、天然の甘味としては究極の糖度かもしれない。
これにビターでドライなチョコレートを組み合わせると極上のデザートになる。
アマレットとエスプレッソのソース、しょうがをきかせたチョコレートソースで香りを添えて。

Bases / ベース

A 次郎柿のコンポート *

次郎柿　約1個半
シロップ（糖度ブリックス22%）　500ml
レモン（スライス）　1/2個分
シナモンスティック　1/2本
アマレット　50ml

A 次郎柿のコンポート

1 柿は6等分のくし形に切り、皮と芯を取る。
2 鍋でシロップを沸かし、レモンとシナモンを入れ、1の柿も加える。再沸騰したら火から下ろす。
3 容器に移して氷水に当てて冷やし、粗熱が取れたらアマレットを加える。冷蔵庫に入れて最低2日間マリネする。

Eléments Principaux / メインパーツ

B 柿とチョコレートのケーキ

ビスキュイ・ショコラ

アーモンドパウダー　70g
粉糖　40g
卵黄　70g
卵白　30g
メレンゲ（P.267）　卵白130g＋粉糖75g
薄力粉　55g
ココアパウダー　25g
溶かしバター　25g

B 柿とチョコレートのケーキ

ビスキュイ・ショコラ

1 アーモンドパウダーと粉糖を合わせてふるい、ボウルに入れる。溶きほぐした卵黄と卵白を加えて混ぜ合わせる。
2 1にメレンゲを3回に分けて混ぜ入れる。
3 薄力粉とココアパウダーを合わせてふるい、2に混ぜる。
4 溶かしバターに3の一部を加えて混ぜ、それを残りの3に戻して混ぜる。
5 天板に2～3mm厚さに流し、上火230℃、下火200℃のオーヴンで7～8分ほど焼く。

柿のジュレ

あんぽ柿のやわらかな果肉　90g
とろとろの完熟次郎柿の果肉　210g
シロップ（糖度ブリックス21%）　100g
板ゼラチン（冷水に浸けてふやかす）　8g

柿のジュレ

1 あんぽ柿は1枚に切り開き、中のとろっとやわらかい部分をスプーンですくい取り、よくほぐしておく（4人前90g）。残った外側部分は組み立てるときに使うので取っておく。
2 完熟の次郎柿も、とろとろの果肉をスプーンですくい取り、ほぐしておく。
3 シロップの一部（ゼラチンを溶かせる程度の量）を取り、沸かない程度に温め、ふやかした板ゼラチンを入れて溶かす。残りのシロップと合わせる。
4 1と2と3を混ぜ合わせる。

1 柿とチョコレートのケーキ
アマレットシロップを染み込ませたビスキュイ・ショコラ、柿のジュレ、あんぽ柿の果肉を交互に重ね、チョコレートでグラサージュ

2 やわらかなチョコレート生地の花
しょうがの香りのチョコレート生地を薄く焼いて花の形に

3 クリームを詰めたあんぽ柿
クレーム・パティシエールに柿のコンポートの角切りを混ぜ、あんぽ柿に詰めて

4 しょうがのシロップ漬け

5 やわらかなチョコレート生地のシガレット

6 シロップ漬けの柿の葉で、とろとろの柿果肉をくるんで

7 柿のソルベ
完熟柿の果肉がたっぷり。まさに柿そのもの。口当たりもしっとり

8 アマレットとエスプレッソのソース
アマレットを強く香らせたエスプレッソソース。葛でとろみをつけて

9 柿とフロマージュブランのソース
柿をアマレット＆シナモン風味でコンポート。その煮汁にフロマージュブランを混ぜて

10 しょうが風味のチョコレートソース
しょうがが香るエキゾチックなチョコレートソース

組み立て
アマレット　適量
シロップ（グラニュー糖1：水1）　適量
あんぽ柿の外側部分　約2個分

チョコレートのグラサージュ
水　80g
生クリーム（乳脂肪分42％）　80g
グラニュー糖　120g
ココアパウダー　50g
板ゼラチン（冷水に浸けてふやかす）　5g

C クリームを詰めたあんぽ柿
あんぽ柿　4個
次郎柿のコンポート（A、3mm角切り）　約大さじ2
クレーム・パティシエール（P.250）　適量

D 柿のソルベ＊
とろとろの完熟次郎柿　1kg
シロップ（グラニュー糖1：水2）　300g
ビドフィックス（P.268）　10g

組み立て

1 15cm×12cm（高さは4cm以上あればよい）の角型を用意し、水でぬらしてラップフィルムを貼り付ける。ビスキュイ・ショコラを型の大きさに合わせて4枚切り、アマレットとシロップを混ぜ合わせたものをぬる。

2 型に1のビスキュイを1枚敷き、上に柿のジュレを薄くぬる。

3 あんぽ柿の外側部分を平らに開いたものを2の上に敷き詰め、あんぽ柿のジュレを薄くぬりのばして平らにする。

4 2と3の工程をさらに2回くり返し、最後はビスキュイでふたをする。

5 表面にラップフィルムをかぶせ、型よりもひとまわり小さな板をのせ、軽い重しをのせて冷蔵庫に30〜40分入れておく。

チョコレートのグラサージュ

1 鍋に水と生クリームを入れて沸かし、グラニュー糖を混ぜ入れる。

2 ココアパウダーを加えて溶かし、火から下ろしてふやかした板ゼラチンを入れて溶かす。濾して室温に置く。

仕上げ

1 組み立てたケーキにチョコレートのグラサージュをかけ、固まるまで置く。

2 1を1人前1.5cm×10cmの大きさに切り出す。

サブパーツ

C クリームを詰めたあんぽ柿

1 あんぽ柿は上部1/3を水平に切り落とし、中身をくり抜く（中身は付け合わせの柿の葉柿巻き〈J〉に使う）。

2 次郎柿のコンポートの汁気を切って3mmの角切りにし、3倍量のクレーム・パティシエールと混ぜる。これを1のあんぽ柿に詰める。

ソルベ

D 柿のソルベ

1 完熟次郎柿のとろとろの果肉をスプーンですくい取り、よくほぐしてシロップと混ぜる。

2 1つまみのグラニュー糖（分量外）を混ぜたビドフィックスを混ぜ入れる。

3 アイスクリームマシンにかける。

E しょうが風味のチョコレートソース
シロップ　グラニュー糖300g＋水270g
しょうが（スライス）　約50g
チョコレート（カカオ分66％）　75g
ココアパウダー　75g

E しょうが風味のチョコレートソース

1 鍋でグラニュー糖と水を沸かしてシロップをつくり、しょうがを入れて火から下ろす。室温に冷めたら濾す。
2 チョコレートは細かくきざみ、ココアパウダーとともにボウルに入れる。
3 1のしょうがシロップを温め、2に注いでチョコレートを溶かす。室温に置く。

F アマレットとエスプレッソのソース
アマレット　100ml
エスプレッソ　30ml
グラニュー糖　30g
葛粉　少量

F アマレットとエスプレッソのソース

1 鍋にアマレットを入れて沸かしてアルコール分を飛ばし、エスプレッソとグラニュー糖を混ぜ入れる。
2 水溶きした葛粉を加えてゆるめのとろみをつけ、濾す。

G 柿とフロマージュブランのソース
次郎柿のコンポートの煮汁（A）　適量
葛粉　適量
フロマージュブラン（乳脂肪分40％）　煮汁の2割

G 柿とフロマージュブランのソース

1 鍋に次郎柿のコンポートの煮汁を入れて沸かし、水溶きした葛粉を加えてとろみをつけ、冷ます。
2 2割量のフロマージュブランを混ぜ入れ、濾す。

H やわらかなチョコレート生地のシガレットと花
牛乳　100g
卵黄　1個
粉糖　20g
プードル・ア・クレーム　10g
ココアパウダー　5g
しょうが汁　3g
ヴァニラビーンズ（種子のみ）　少量
シナモンパウダー　少量

H やわらかなチョコレート生地のシガレットと花

1 鍋に牛乳を入れて火にかけ、沸騰したら火から下ろす。
2 ボウルに卵黄と粉糖を入れ、もったりとして白っぽくなるまで泡立てる。
3 プードル・ア・クレームとココアパウダーを合わせてふるい、3回に分けて2に加えてヘラでさっくりと混ぜ、やや粉気が残るくらいで混ぜるのを止める。
4 1の牛乳を3〜4回に分けて3に混ぜ入れる。これを濾して鍋に戻し、とろみがつくまでヘラで混ぜながら加熱する。とろっとしてきたらしょうが汁を加え、ひと混ぜして火から下ろす。
5 ボウルに移して粗熱を取る。
6 シガレット：5の生地の約1/5量を別のボウルに取り分け、ヴァニラビーンズとシナモンパウダーを混ぜ、シルパットの上に長径7cmの楕円形に流す。150℃のオーヴンで10分弱焼き、熱いうちに丸箸に巻き付けて筒状にし、冷え固まったら箸を抜く。
7 花（作り方 P.259）：残りの5の生地をパラフィン紙の上に直径15cmに円く、薄く流す。中央をへこませてセルクルに差し込み、150℃のオーヴンで7〜8分焼く。紙をはがして形を整える。

I しょうがのシロップ漬け

シロップ(糖度ブリックス24%)　適量
しょうが(マッチ棒程度の細切り)　約40本

J 柿の葉柿巻き

柿の葉　4枚
シロップ(糖度ブリックス24%)　適量
あんぽ柿のやわらかな果肉　小さじ4
とろとろの完熟次郎柿の果肉　小さじ4
しょうがのシロップ漬け(I)　16本

Présentation

盛り付け

ソルベ用ジェノワーズ(P.262)
　厚さ2mm、直径2.5cmの円形4枚

I しょうがのシロップ漬け

1 シロップは沸かしておく。
2 細切りにしたしょうがをゆでこぼし、水気を切って容器に入れ、1のシロップを注ぎ入れる。粗熱を取り、冷蔵庫に入れて3日間マリネする。

J 柿の葉柿巻き

1 柿の葉を塩を加えた沸騰湯で1~2分ゆでてしんなりさせる。シロップに漬け、冷蔵庫に入れて3日間マリネする。
2 1の柿の葉のシロップを拭き取り、裏側を上にして置き、あんぽ柿のやわらかな果肉と完熟次郎柿の果肉を同量ずつ混ぜたものをのせ、しょうがのシロップ漬けを4本のせて巻く。

仕上げ

盛り付け

1 柿とチョコレートのケーキ(B)を器に盛り、やわらかなチョコレート生地の花(H)をのせる。
2 クリームを詰めたあんぽ柿(C)を伏せて盛り、しょうがのシロップ漬け(I)を6本ほどのせる。
3 柿の葉柿巻き(J)を添え、やわらかなチョコレート生地のシガレット(H)をのせる。
4 ソルベ用ジェノワーズを敷き、柿のソルベ(D)を盛る。
5 しょうが風味のチョコレートソース(E)、アマレットとエスプレッソのソース(F)、柿とフロマージュブランのソース(G)を流す。

アップルマンゴーを花のイメージで ベルガモットミントの香りとともに
Mangue rouge à l'image de fleur, aromatisée à la menthe bergamote

むせかえるように甘いアップルマンゴーをミントの清涼感で味わう。
とろんとしたオレンジピンクのキャラメルソ 又とさわやかなコ ダルトリ 又もからゆ、
タピオカのなまめかしい食感を添えて。

Eléments Principaux　　　　　メインパーツ

Aジャルダンミントのジュレ
シロップ（糖度ブリックス16%）　250ml
ジャルダンミント＊　長い枝8本
板ゼラチン（冷水に浸けてふやかす）　8g
＊スペアミントで代用可能。

Bタピオカのミントシロップマリネ
タピオカ（大粒）　約40粒
ミントシロップ（Aの工程2参照）　適量

Cマンゴーとタピオカのジュレ
アップルマンゴー　180g
シロップ（糖度ブリックス16%）　30ml
板ゼラチン（冷水に浸けてふやかす）　4g
アップルマンゴ （小さめに切る）　16〜20片
タピオカのミントシロップマリネ（B）　約20粒
ジャルダンミント＊（せん切り）　少量

Aジャルダンミントのジュレ
1 シロップを沸かし、ミントを枝ごと入れ、ふたをして火から下ろして3分置く。
2 1を濾し、タピオカのミントシロップマリネ（B）用に少量を取り分けておく。残りにふやかした板ゼラチンを入れて溶かし、1.5cm厚さに流して冷やし固める。

Bタピオカのミントシロップマリネ
1 タピオカは、芯が2割くらい残る程度にゆでる。
2 ジャルダンミントのジュレ（A）をつくったときに残しておいたミントシロップに1のタピオカを漬け、冷めるまでそのまま置く。

Cマンゴーとタピオカのジュレ
1 アップルマンゴーをフードプロセッサーでピュレにする。
2 1のフードプロセッサーにシロップを加えて攪拌し、濾す。
3 2の一部（ゼラチンを溶かせる程度の量）を取り、沸かない程度に温め、ふやかした板ゼラチンを入れて溶かす。残りの2と合わせる。
4 3に小さく切ったアップルマンゴー、タピオカのミントシロップマリネ、ジャルダンミントのせん切りを混ぜる。
5 直径2cmの丸型に4を3cm深さに流し、冷やし固める（1人前1個）。

Eléments Complémentaires　　　　サブパーツ

Dベルガモットミントのジュレ
シロップ（糖度ブリックス16%）　200ml
ベルガモットミント　長い枝1本
板ゼラチン（冷水に浸けてふやかす）　4g

Dベルガモットミントのジュレ
1 シロップを沸かし、ミントを枝ごと入れ、ふたをして火から下ろして1分置く。
2 1を濾し、ふやかした板ゼラチンを入れて溶かし、バットに1cm厚さに流して冷やし固める。

1 マンゴーのリボン
リボン状に切ったアップルマンゴーを花びらの形に見立てて曲げて

2 レモン和えのマンゴーアッシェを盛り、ミントシロップに漬けた大粒タピオカを一粒。底にはジャルダンミントのジュレを敷いて

3 粗くくずしたベルガモットミントのジュレ。底にはジャルダンミントのジュレを敷いて

4 ヨーグルトに粉糖を混ぜたライトなソース。底にはジャルダンミントのジュレを敷いて

5 マンゴーとタピオカのジュレ
小さく切ったマンゴーとミントシロップ漬けのタピオカをマンゴージュレで寄せて

6 グレナデンキャラメルソース
淡い金色に煮詰めたキャラメルにグレナデンシロップを混ぜ、ニュアンスのあるオレンジピンクに

7 ヨーグルトソース
ヨーグルトに粉糖を混ぜたさわやかでライトなソース

8 マンゴーのチップ
青いマンゴーとアップルマンゴーのスライスを乾燥焼きにして

E グレナデンキャラメルソース
グラニュー糖　300g
水　少量＋100ml
グレナデンシロップ　200ml

E グレナデンキャラメルソース
1 鍋にグラニュー糖と水少量を入れて火にかけ、160℃まで熱する。火から下ろして水100mlを加え、再び火にかけて溶きのばす。
2 グレナデンシロップを混ぜ入れる。

F ヨーグルトソース
ヨーグルト　適量
粉糖　ヨーグルトの3割

F ヨーグルトソース
1 ヨーグルトはもし水分が多ければ、シノワに入れて30分ほど置いて水気を切って使う。
2 1のヨーグルトに3割量の粉糖を混ぜる。

G マンゴーのチップ
青いマンゴー（極薄スライス）　16枚
アップルマンゴー（極薄スライス）　16枚
粉糖　適量

G マンゴーのチップ
1 できるだけ薄くスライスした青いマンゴーとアップルマンゴーをシルパットの上に並べる。
2 粉糖をふり、90℃のオーヴンで1時間ほど焼く。

盛り付け
アップルマンゴー
　5cm×13cm×厚さ1mmのリボン状36枚
アップルマンゴー（みじん切り）　適量
レモン汁　少量
レモンの皮（すりおろし）　少量

盛り付け
1 ジャルダンミントのジュレ（A）を長さ4cmほどの涙型で36枚抜く（1人前9枚）。
2 皿の中央に、マンゴーとタピオカのジュレ（C）を型から抜いて置く。
3 リボン状に切ったアップルマンゴーを1のジュレの周囲に貼り付けて涙形に整える（尖った部分に綴じ目をもってくる）。これを2のジュレの周囲に寄せ集めて花の形に盛る。
4 アップルマンゴーのみじん切りにレモン汁をかけ、レモン皮のすりおろしを混ぜる。これを9個ある花びらのうちの3個に入れ、上にタピオカのミントシロップマリネ（B）を1粒ずつのせる。
5 ベルガモットミントのジュレ（D）をやや粗めの裏濾し器に通して砕く。これを別の花びら3個に入れる。
6 残りの花びら3個には、ヨーグルトソース（F）を入れる。
7 マンゴーのチップ（G）を8枚飾る。
8 グレナデンキャラメルソース（E）とヨーグルトソース（F）を流す。

にんじんのクレームブリュレにグランマルニエを香らせ、オレンジソルベをのせて

Crème brûlée à la carotte, sorbet à l'orange et au Grand-Marnier

にんじんのピュレにグランマルニエを香らせた、陽気なオレンジ色のクレームブリュレ。
オレンジ風味のソルベをのせ、マンゴーとパッションフルーツ風味のトロピカルソイルを添えて。

Eléments Principaux	メインパーツ

Aにんじんのクレームブリュレ

にんじん　約200g
グラニュー糖　適量
卵黄　2個
生クリーム（乳脂肪分38%）　60g
グランマルニエ　3g
カソナード　適量

Aにんじんのクレームブリュレ

1 にんじんをひたひたの水でゆでる。すっかりやわらかくなったら、取り出して皮をむく。ゆで汁は取っておく。
2 ミキサーに1のにんじんを入れ、煮汁を適量（ミキサーを回せる程度の量）加えて撹拌してピュレにする。さらに、糖度がブリックス26%になるまでグラニュー糖を混ぜ入れる。冷ましておく。
3 ボウルに卵黄を入れて溶きほぐし、生クリームを加え混ぜ、2のにんじんのピュレ200gも加えて混ぜる。グランマルニエも混ぜる。
4 3を耐熱皿に薄く流し（1人前約90ml）、湯せんにして150℃のオーヴンで10分ほど加熱する。
5 表面にカソナードをふり、ガスバーナーで焦げ目をつける。

Sorbets	ソルベ

Bオレンジのソルベ*

オレンジ果汁　1L
水飴　60g
グラニュー糖　適量
コワントロー　40g
ビドフィックス（P.268）　10g

Bオレンジのソルベ

1 オレンジ果汁に、湯せんで温めて濃度をゆるめた水飴を加えて混ぜる。さらに糖度がブリックス21%になるまでグラニュー糖を混ぜる。
2 1にコワントローを混ぜ、1つまみのグラニュー糖（分量外）を混ぜたビドフィックスも加え混ぜる。
3 アイスクリームマシンにかける。

1 にんじんのクレームブリュレ
にんじんのピュレにグランマルニエを香らせ
たクレームブリュレ。陽気なオレンジ色

2 オレンジのソルベ
コワントローがほのかに香る、オレンジ果汁
たっぷりのソルベ。水飴を配合してまったり
とした食感に。ジェノワーズがクッション

3 トロピカルフルーツのテュイル
マンゴーとパッションフルーツ風味のテュイ
ル。食感のアクセントに

C トロピカルフルーツのテュイル
バター（室温に戻す）　65g
グラニュー糖　50g
マンゴーのピュレ（加糖）　20g
パッションフルーツのピュレ（加糖）　25g
薄力粉　15g

C トロピカルフルーツのテュイル
1 室温に戻したバターとグラニュー糖をよくすり混ぜてクリーム状にする。
2 1にマンゴーのピュレとパッションフルーツのピュレを加え混ぜ、薄力粉も加えてよく混ぜる。この生地を冷蔵庫で3〜4時間休ませる。
3 2の生地をシルパットの上にスプーンで落とし、スプーンの背で直径約5cmに円く広げる。
4 150℃のオーヴンで14分ほど焼く。

盛り付け
ソルベ用ジェノワーズ（P.262）　厚さ2mm、直径2.5cmの円形4枚

盛り付け
1 にんじんのクレームブリュレ（A）の上にソルベ用ジェノワーズをのせ、オレンジのソルベ（B）を大きめ（1人前約30g）に取ってのせる。
2 ソルベの上にトロピカルフルーツのテュイル（C）を添える。

紫いも、白と黒のチョコレート、デーツのコンポジション
Patate violette, feuilletines au chocolat et aux dattes

一度見たら忘れられない紫いものパープルに、ホワイトチョコレートのアイボリーを組み合わせる。
とびきり甘いデーツの中には、プラリネ風味のクレーム・パティシエールをきゅっと詰めて。
ザクッと強い食感のフイユタージュが甘さのなかで光る。

Eléments Principaux	メインパーツ

A 紫いものフイユタージュ仕立て

A 紫いものフイユタージュ仕立て

フイユタージュ＊
フイユタージュ生地（P.264）　400g
粉糖　適量
グラニュー糖　適量

フイユタージュ
1 3つ折りを3回くり返したフイユタージュ生地を用意する。粉糖を打ち粉代わりにして、めん棒で5mm厚さの縦長の長方形にのばし、3つ折りにする。
2 生地の向きを90度ずらし、もう一度5mm厚さの縦長にのばして今度はグラニュー糖を一面にたっぷりとふりかけて3つ折りにする。冷蔵庫で半日ほど休ませる。
3 1cm厚さにのばし、2cm×7cmの長方形に切り出す（1人前1枚）。
4 180℃のオーヴンで25分ほど焼くが、途中、表面に焼き色が付いた時点で重しの鉄板をのせ、最後まで焼き上げる。

紫いものピュレ
紫いも　1個
シロップ（糖度ブリックス32%）　紫いもの半量
塩　少量

紫いものピュレ
1 紫いもを皮付きのまま、やわらかくなるまで蒸す。皮をむいて裏漉しし、シロップを加えてよく練り、塩少々で味をととのえる。

組み立て
1 フイユタージュの上に、パレットナイフで紫いものピュレを形よくぬる。

Eléments Complémentaires	サブパーツ

B 紫いものスライス
紫いも　1個
ナパージュ　適量

B 紫いものスライス
1 紫いもを皮付きのまま、やわらかくなるまで蒸す。粗熱を取り、ラップフィルムで包んで冷蔵庫で冷やす。
2 皮をむき、厚さ5mmの楕円形にスライスする（1人前1枚）。上面にナパージュをぬる。

C クレーム・パティシエールを詰めたデーツ
デーツ（なつめやしの実）　8個
クレーム・パティシエール（P.250）　適量
プラリネペースト　適量
キルシュ　適量

C クレーム・パティシエールを詰めたデーツ
1 デーツは縦に切り目を入れて開き、種を取り出す。
2 クレーム・パティシエールを2等分し、片方には2割量のプラリネペーストを混ぜる。残り半量には1割量のキルシュを混ぜる。
3 2種類の風味のクレーム・パティシエールをそれぞれデーツに挟む。

1 紫いものフイユタージュ仕立て
打ち粉がわりに砂糖をふって折り上げた香ば
しいフイユタージュに紫いものピュレをたっ
ぷりぬって

2 ミルキーなホワイトチョコレートの薄板

3 ナバージュをぬった蒸し紫いも

4 キルシュ風味のクレーム・パティシエール
を詰めたデーツ

5 プラリネ風味のクレーム・パティシエール
を詰めたデーツ

6 チョコレートスティック

7 シナモン風味のアングレーズソース
シナモンとヴァニラの香り豊かなアレンジア
ングレーズソース

8 ホワイトチョコレートのヴァニラソース
ホワイトチョコレートを生クリームで溶かし
てヴァニラビーンズを混ぜ入れて

9 紫いものソース
紫いもの裏濾しをシロップと生クリームでの
ばす。一度目にしたら忘れられない幻想的な
紫色

10 チョコレートの薄板、デーツのアッシェ
を混ぜたクレーム・パティシエール、叩いて
のしたデーツ、紫いものチップを積み重ねて

D シナモン風味のアングレーズソース

牛乳　175ml
シナモンスティック　1/2本
ヴァニラビーンズ　1本
卵黄　60g
グラニュー糖　50g
シナモンパウダー　少量

D シナモン風味のアングレーズソース

1 鍋に牛乳とシナモンスティックを入れ、ヴァニラの種子をこそげ出してさやごと加え、火にかける。沸いたら火から下ろす。
2 卵黄とグラニュー糖をボウルに入れ、もったりとして白っぽくなるまで泡立てる。ここに1を注ぎ入れて混ぜる。
3 2を鍋に戻し、中火にかけてヘラで混ぜながら加熱する。とろみがついたら火から下ろし、ボウルに濾し入れて冷ます。
4 シナモンパウダーを少々混ぜ入れる。

E ホワイトチョコレートのヴァニラソース

ホワイトチョコレート　50g
シロップ（糖度ブリックス25%）　50g
生クリーム（乳脂肪分38%）　50g
ヴァニラビーンズ（種子のみ）　少量

E ホワイトチョコレートのヴァニラソース

1 ホワイトチョコレートは細かくきざんでボウルに入れ、湯せんにして溶かす。
2 シロップと生クリームを合わせて沸かし、1に注ぎ入れて混ぜる。
3 濾して室温に冷まし、ヴァニラビーンズを少々混ぜる。

F 紫いものソース

紫いものピュレ（蒸して裏濾ししたもの）　50g
生クリーム（乳脂肪分42%）　10g
シロップ（糖度ブリックス32%）　100g

F 紫いものソース

1 紫いものピュレと生クリームを混ぜ合わせる。
2 シロップで溶きのばす。

Garnitures   付け合わせ

G デーツ入りクレーム・パティシエール

デーツ　4〜5個
クレーム・パティシエール（P.250）　デーツの3割

G デーツ入りクレーム・パティシエール

1 デーツは種を取り除き、フードプロセッサーにかけてみじんにきざむ。
2 1に3割量のクレーム・パティシエールを混ぜる。

H のしデーツ

デーツ　2個

H のしデーツ

1 デーツを縦半分に切って種を取り、ラップフィルムで挟んで叩き、薄くのす。1枚を3等分に切る。

I 紫いものチップ

紫いも（直径5cmの極薄スライス）　4枚
揚げ油（なたね油）　適量
グラニュー糖　適量

I 紫いものチップ

1 紫いもをできるだけ薄くスライスし、中温の油で揚げる。
2 油をよく切り、グラニュー糖を全体にまぶす。

J 黒・白チョコレートの棒と薄板

チョコレート（カカオ分66%）　適量
ホワイトチョコレート　適量

J 黒・白チョコレートの棒と薄板

1 黒：チョコレートを細かくきざんで湯せんで溶かし、薄く流して固め、パレットナイフで細い棒状に削り取る（1人前2本）。残りは手で適当な大きさに折る（1人前3片）。
2 白：ホワイトチョコレートを細かくきざんで湯せんで溶かし、薄く流して固め、手で適当な大きさに折る（1人前6片）。

盛り付け

ナパージュ 適量

盛り付け

1 紫いものフイユタージュ仕立て（A）を皿に盛り、ホワイトチョコレートの薄板（J）を6片のせる。

2 ナパージュをぬった紫いものスライス（B）を1枚置き、上に2種類のクレーム・パティシエールを詰めたデーツ（C）をのせ、ナパージュをかけ、チョコレートの棒（J）を2本のせる。

3 デーツ入りクレーム・パティシエール（G）を接着剤代わりにして、のしデーツ（H）、紫いものチップ（I）、チョコレートの薄板（J）を重ねていく。3回くり返して積み重ねる。

4 シナモン風味のアングレーズソース（D）、ホワイトチョコレートのヴァニラソース（E）、紫いものソース（F）を流す。

ワッフルにいろいろな野菜を詰め、マロニエのはちみつとともに
Gaufre avec racine de panais, betterave, carotte, tomate, avocat et miel de marronnier

ワッフルのくぼみに、にんじん、ビーツ、アボカドなど野菜のピュレをカラフルに盛る。
まるで絵の具をのせたパレットのよう。
天然のデザートソース、マロニエのはちみつを流して。

Eléments Principaux	メインパーツ

Aワッフル生地

- 薄力粉　125g
- ベーキングパウダー　8g
- ✣ グラニュー糖　50g
- 塩　2g
- 卵黄　2個
- 牛乳　175g
- 溶かしバター　40g
- 卵白　60g

Aワッフル生地

1 ✣の材料を合わせてふるい、ボウルに入れる。
2 別のボウルで卵黄を溶きほぐし、牛乳を加えてよく混ぜる。これを1に加えて練り混ぜる。溶かしバターも混ぜ入れる。
3 卵白をやわらかめに泡立て、2に混ぜ入れる。冷蔵庫で30分ほど休ませる。
4 ワッフルメイカーで焼く（1人前1枚）。

B野菜のピュレ

パースニップのピュレ

パースニップ　約1/2本
シロップ（糖度ブリックス30％）　パースニップの6割
生クリーム（乳脂肪分42％）　パースニップの4割
塩　少量

B野菜のピュレ

パースニップのピュレ

1 パースニップは皮付きのまま、やわらかくなるまで蒸す。冷めたら皮をむき、フードプロセッサーにかける。目の細かい濾し器で裏濾しする。
2 1のピュレに6割量のシロップを混ぜ、4割量の生クリームを混ぜる。塩少々で味をととのえる。

ビーツのピュレ

ビーツ　小1個
シェリー酢　少量
オリーブ油　少量
グラニュー糖　適量

ビーツのピュレ

1 ビーツは皮付きのまま鍋に入れ、多めに水をはり、シェリー酢とオリーブ油を少量ずつ加えて火にかける。
2 竹串がすっと通るくらいやわらかく煮えたら、グラニュー糖を加えて煮汁の糖度をブリックス16％にする。火から下ろして冷ます。冷蔵庫に2日間入れてマリネする。
3 ビーツを取り出して皮をむき、フードプロセッサーに入れ、煮汁も適量加え（フードプロセッサーを回せる程度の量）、攪拌する。目の細かい濾し器で裏濾しする。

にんじんのピュレ

にんじん（甘みのあるもの）　約1/2本
グラニュー糖　適量
塩　少量

にんじんのピュレ

1 にんじんは皮付きのまま、すっかりやわらかくなるまで蒸す。皮をむき、フードプロセッサーにかけ、目の細かい濾し器で裏濾しする。
2 糖度がブリックス16％になるまでグラニュー糖を混ぜ、塩少々で味をととのえる。

1 ワッフル

2 にんじんのピュレ
蒸して裏濾ししたにんじんに砂糖で甘みを加えてピュレに

3 ビーツのピュレ
やわらかく煮たビーツに砂糖で甘みを足してフードプロセッサーでピュレに

4 アボカドのピュレ
アボカドをレモン汁、シロップとともにフードプロセッサーで攪拌してピュレに

5 トマトのピュレ
湯むきしたトマトを玉ねぎと一緒にじっくり炒め煮にして、砂糖で甘みをつけて

6 パースニップのピュレ
蒸して裏濾ししたパースニップをシロップと生クリームでのばしたピュレ

7 トマトとアボカドのチップは粉糖をふってオーヴンで乾燥焼き。パースニップ、ビーツ、にんじんのチップは素揚げしてヴァニラシュガーをふったもの。すべてを積み重ねて

8 5種類の野菜チップを砕いてミックス

9 マロニエのはちみつ

トマトのピュレ

トマト　5個
玉ねぎ　1/2個
オリーブ油　適量
サフラン　少量
塩、白こしょう　各少量
グラニュー糖　適量

アボカドのピュレ

アボカド　正味100g
レモン汁　1/4個分
シロップ（糖度ブリックス25%）　30ml
塩　少量

トマトのピュレ

1 トマトは湯むきする。半分に切り、種を取り除き、細かくきざむ。
2 玉ねぎはみじん切りにする。鍋にオリーブ油を熱して、玉ねぎを十分に炒める。ここに1のトマトを加え、サフランも入れ、水分がなくなるまでじっくり煮る。塩とこしょうをごく少量ずつ加え、糖度がブリックス16%になるまでグラニュー糖を混ぜ入れる。

アボカドのピュレ

1 フードプロセッサーにアボカドの果肉、レモン汁、シロップを入れてなめらかになるまで撹拌する。塩少々で味をととのえる。

Garnitures 　　　　　付け合わせ

C 野菜のチップ

トマト（薄い輪切り）　5枚
アボカド（極薄い半月切り）　5枚
シロップ（糖度ブリックス20%）　適量
粉糖　適量
パースニップ（薄い輪切り）　5枚
ビーツ（薄い輪切り）　5枚
にんじん（薄い輪切り）　5枚
揚げ油（なたね油）　適量
ヴァニラシュガー＊　適量
＊容器にグラニュー糖とヴァニラビーンズを入れて密閉し、香りを移したもの。

C 野菜のチップ

1 野菜はすべて薄切りにするが、アボカドは焼くとかたくなるので、とりわけ薄く切る。
2 トマトとアボカドの薄切りは、シロップに2日間漬けた後、シルパットの上に並べ、トマトには粉糖を少なめにふり、アボカドには多めにふって90℃のオーヴンで40〜50分ほど焼く。
3 パースニップ、ビーツ、にんじんの薄切りは、中温の油で揚げ、油をよく切ってヴァニラシュガーを全体にまぶす。

Présentation 　　　　　仕上げ

盛り付け

はちみつ（マロニエ）　適量

盛り付け

1 ワッフル（A）を器に盛り、くぼみに野菜のピュレ（B）を彩りよくのせ、皿にも全種類のせる。
2 野菜のチップ（C）を1枚ずつ積み上げて添え、野菜のチップを砕いて混ぜ合わせたものも添える。
3 はちみつをまわしかける。

ルバーブをいろいろに変化させて
Rhubarbe dans tous ses états

ルバーブの緑の部分と赤い部分を別々にコンポートして、
クラフティ、タルトレット、ソルベ、プップなど様々な姿に変身させる。
おもちゃ箱をひっくり返したような、遊び心いっぱいの甘ずっぱいデザート。

Bases

ベース

A 赤と緑のルバーブのコンポート
ルバーブ（赤い部分）　200g
ルバーブ（緑の部分）　200g
グラニュー糖　適量
シロップ（糖度ブリックス22％）　適量

A 赤と緑のルバーブのコンポート
1 赤と緑のルバーブをそれぞれ5cmほどの長さに切り、バットに入れてグラニュー糖をたっぷりまぶして丸1日砂糖漬けにする（えぐみと青臭さを抜く）。
2 鍋でシロップを沸かし、火から下ろして2つの容器に等分する。
3 1の赤と緑のルバーブのグラニュー糖を落とし、それぞれ2のシロップに漬ける。冷めたら冷蔵庫に入れて最低1日マリネする。

Mignardises

小菓子

B ルバーブのクラフティ

アパレイユ
薄力粉　30g
全卵　1個
牛乳　100g
ヴァニラビーンズ（種子のみ）　1/4本分
塩　少量
コニャック　7g

組み立て
赤いルバーブのコンポート（A）　長さ2cmの小片
　4片
緑のルバーブのコンポート（A）　長さ2cmの小片
　4片
グラニュー糖　適量
アプリコットジャム　適量

B ルバーブのクラフティ

アパレイユ
1 ボウルに薄力粉、溶きほぐした全卵、牛乳を入れて混ぜ合わせる。
2 ヴァニラの種子、塩、コニャックを加えて混ぜ、粗めのシノワで濾す。

組み立て
1 直径2cmのセルクルの底をアルミフォイルで覆い、アパレイユを3cm分ほど流し、赤と緑のルバーブのコンポートをそれぞれ1片ずつのせる。
2 160℃のオーヴンで20分ほど焼くが、途中でいったん取り出して上面にグラニュー糖をふりかけ、またオーヴンに戻して最後まで焼く。
3 上にアプリコットジャムをぬる。

1 ルバーブのクラフティ
赤と緑のルバーブのコンポートを
ヴァニラ＆コニャック風味のア
パレイユでまとめて

2 ペロペロキャンディー
メロンリキュールとフェンネルシ
ードをキャンディーに。見た目を
裏切る大人の味

**3 緑のルバーブマーマレードの
茶巾**
パータ・ブリックで緑のルバーブ
マーマレードを包んで茶巾絞りに

4 赤いルバーブのコンポート
赤いルバーブコンポートにあられ
糖をのせて

**5 ルバーブとチョコレートの
タルトレット**
サブレ生地にルバーブのコンポー
トとマーマレードを詰め、チョコ
レートを流して

6 赤のルバーブソルベ
赤いルバーブコンポートのピュレ
にオレンジリキュールやヨーグル
トを混ぜて

7 スパイスサブレ
キャラウェイ、クミン、フェンネ
ル、こしょうがかすかに香るスパ
イシービスケット

8 ルバーブのグラタン
ルバーブのコンポートを型に見立
ててクレーム・ダマンドを流し、
表面をグラティネ

9 ルバーブのくるくるチップ
薄く削ったルバーブをシロップ漬
けにして低温オーヴンで焼き、棒
にくるくる巻き付けて

10 緑のルバーブマーマレード
緑のルバーブコンポートにバター
を加えて煮詰めたマーマレード

C 緑のルバーブマーマレードの茶巾

緑のルバーブマーマレード
緑のルバーブのコンポート（A） 適量
グラニュー糖 コンポートの1割
バター 少量
水 適量

組み立て
パータ・ブリック✢ 10cm角の正方形4枚
溶かしバター 適量
グラニュー糖 適量
ジェノワーズ（P.262） 厚さ2mm、直径2cmの円形
　4枚
✢フランス産の極薄の小麦粉生地。

D ルバーブのくるくるチップ
ルバーブ（20cm長さのリボン状） 4枚
シロップ（糖度ブリックス24%） 適量
緑のルバーブマーマレード（C） 適量

E ルバーブのグラタン
緑のルバーブのコンポート（A） 長さ4cmの半割
　4本
クレーム・ダマンド（P.267） 185g
8分立ての生クリーム 18g

F ルバーブとチョコレートのタルトレット

コワントローのチョコレートソース ＊
チョコレート（カカオ分66%） 75g
ココアパウダー 75g
シロップ グラニュー糖300g＋水250g
コワントロー 20ml

組み立て
スパイスサブレの生地（I） 直径3cmのタルトレット
　型4台分
緑のルバーブマーマレード（C） 適量
緑のルバーブのコンポート（A） 薄切り8枚
金箔 適量

C 緑のルバーブマーマレードの茶巾

緑のルバーブマーマレード

1 緑のルバーブのコンポートを鍋に入れ、1割量のグラニュー糖、バター、水を加えてとろ火でゆっくりと煮ていく。ルバーブがとろとろに煮溶けて水分が飛ぶまで煮詰める。

組み立て

1 パータ・ブリックの両面に溶かしバターをぬり、グラニュー糖をまぶす。中央に円形のジェノワーズを置き、その上に緑のルバーブマーマレードをのせ、パータ・ブリックを茶巾絞りの要領でねじって閉じる。
2 下火180℃、上火200℃のオーヴンで15分ほど焼く。

D ルバーブのくるくるチップ

1 ルバーブをピーラーでリボン状に薄く削る。これを人肌のシロップに漬け、完全に冷めたら冷蔵庫に入れて丸1日マリネする。
2 1をシルパットにのせ、110℃のオーヴンで25分焼く。熱いうちに直径2cmの丸棒にくるくると巻き付けて固定し、冷めたら棒を抜く。
3 緑のルバーブマーマレードを敷いた上に盛り付ける。

E ルバーブのグラタン

1 緑のルバーブのコンポートを縦半分に切り（トヨ型のような形）、長さ4cmほどに切る。
2 クレーム・ダマンドに8分立ての生クリームを混ぜ、1のルバーブのへこんだ部分にぬる。
3 サラマンダーで、表面にうっすらと焼き色を付ける。

F ルバーブとチョコレートのタルトレット

コワントローのチョコレートソース

1 チョコレートは細かくきざんでボウルに入れ、ココアパウダーも入れる。
2 熱したシロップを1に4回くらいに分けて混ぜ入れる。濾す。
3 コワントローを混ぜる。

組み立て

1 スパイスサブレの生地を1mmほどに薄くのばし、直径3cmのタルトレット型に敷き込み、竹串で穴をあける。中に重しを入れて180℃のオーヴンで10分ほど空焼きする。冷まして型から抜く。
2 1のタルトレットの底に緑のルバーブマーマレードを入れ、緑のルバーブのコンポートの薄切りを2枚のせ、チョコレートソースをいっぱいまで流す。
3 チョコレートが固まったら、金箔をのせる。

G 赤いルバーブのコンポート

赤のルバーブのコンポート（A）　長さ2.5cm4片

あられ糖　適量

G 赤いルバーブのコンポート

1 赤のルバーブのコンポートを2.5cm長さに切り、立てて盛ってあられ糖をのせる。

Sorbets

ソルベ

H 赤のルバーブソルベ ✽

赤のルバーブのコンポート（A）　300g

赤のルバーブのコンポートの煮汁（A）　300g

オレンジリキュール　少量

レモン汁　1個分

ヨーグルト　全体の1割

ビドフィックス（P.268）　6g

H 赤のルバーブソルベ

1 赤のルバーブのコンポートとその煮汁をミキサーに入れ、オレンジリキュールとレモン汁も加え、攪拌してジュース状にし、濾す。

2 1に1割量のヨーグルトを混ぜる。

3 グラニュー糖を1つまみほど（分量外）混ぜたビドフィックスを混ぜる。

4 アイスクリームマシンにかける。

Garnitures

付け合わせ

I スパイスサブレ ✽

バター　125g

粉糖　75g

塩　2.5g

卵黄　3個

薄力粉　250g

キャラウェイシード　1g

クミンシード　1g

フェンネルシード（フレッシュ）　1g

黒こしょう　1g

つや出し用卵（卵黄＋シロップ1割）　適量

I スパイスサブレ

1 バターと粉糖をすり混ぜてクリーム状にする。ここに塩を混ぜ、溶きほぐした卵黄を加え混ぜる。

2 1に薄力粉を混ぜ、キャラウェイ、クミン、フェンネル、黒こしょうを混ぜる。生地を冷蔵庫で3〜4時間休ませる。

3 2の生地をめん棒で5mm厚さにのばし、2cm×5cmの長方形に切る。つや出し用卵（卵黄に1割量のシロップを混ぜたもの）を表面にぬる。

4 180℃のオーヴンで10分ほど焼く。これをソルベの下に敷く。

J ペロペロキャンディー

パラチノース（P.268）　50g

メロンリキュール　20g

フェンネルシード（フレッシュ）　適量

J ペロペロキャンディー

1 小鍋にパラチノースとメロンリキュールを入れて火にかけ、155〜160℃程度に煮詰める。（パラチノースを使うと、もろいキャンディーになる）

2 1をシルパットの上に円く流し、フェンネルシードを散らし、爪楊枝を押し付けて、そのまま固める。

紫式部（プラム）

プラムのグラスデザート 温製と冷製で
Deux petits verres de prune —— chaud et froid

深い紫色のプラムをコンポートしてグラスデザートに。
一方はココナッツミルクを組み合わせてオレンジの香りで温製に。
もう一方はジュレとムースを何層にも重ねて冷製に。プラムの風味が二重に楽しめる。

Bases	ベース

Aプラムのコンポート＊
プラム（紫式部✻）　正味600g
シロップ（糖度ブリックス25％）　1L
ヴァニラビーンズ（1回使ったもの）　2本
レモン（スライス）　1.5個分
✻秋田県産の濃い紫色のプラム（P.79）。

Aプラムのコンポート
1 プラムは半分に切って皮と種を取り、さらに半分のくし形に切る。
2 鍋にシロップを沸かし、ヴァニラビーンズとレモンを入れ、プラムも加える。再沸騰したら火から下ろし、15〜20分間そのまま置く。
3 容器に移し、氷水に当てて冷やし、冷蔵庫に入れて最低2日間マリネする。

プラムの冷たいグラスデザート

Eléments Principaux	メインパーツ

Bプラムのジュレ（2種類）
プラムのコンポートの煮汁（A）　200g＋200g
板ゼラチン（冷水に浸けてふやかす）　3g＋1.5g

Bプラムのジュレ（2種類）
1 ジュレは2種類つくる。片方は200gのコンポートの煮汁を3gのゼラチンで固め、もう片方は200gのコンポートの煮汁を1.5gのゼラチンでごくゆるく固める。板ゼラチンの溶かし方は、煮汁を全量温めずに、一部（ゼラチンを溶かせる程度の量）を取って沸かない程度に温めて溶かし、それを残りの煮汁と合わせること。
2 固まらないように室温に置く。

Cプラムのムース
プラムのコンポート（A）　75g
プラムのコンポートの煮汁（A）　75g
板ゼラチン（冷水に浸けてふやかす）　4g
ムラング・イタリエンヌ（P.267）　40g
生クリーム（乳脂肪分38％）　100g

Cプラムのムース
1 プラムのコンポートとその煮汁をミキサーで攪拌してピュレにする。濾す。
2 1のピュレの一部（ゼラチンを溶かせる程度の量）を沸かない程度に温め、ふやかした板ゼラチンを入れて溶かす。これを残りのピュレと合わせる。
3 ムラング・イタリエンヌと混ぜ合わせ、生クリームも混ぜる。

Dプラムのネージュ
プラムのコンポートの煮汁　水を足して200g
板ゼラチン（冷水に浸けてふやかす）　2g

Dプラムのネージュ
1 プラムのコンポートの煮汁を水で薄めて糖度をブリックス16％にする。
2 1の一部（ゼラチンを溶かせる程度の量）を沸かない程度に温め、ふやかした板ゼラチンを入れて溶かす。残りの1と合わせ、冷やす。
3 半分くらい固まったら、泡立て器で攪拌してフォーム状にする。

E ナスタチウムのクリスタリゼ
卵白　1個分
レモン汁　4〜5滴
ナスタチウムの花　4輪
グラニュー糖　適量

F オレンジ皮のクリスタリゼ
オレンジの皮　4片
溶かしバター　適量
グラニュー糖　適量

E ナスタチウムのクリスタリゼ

1 卵白を溶きほぐしてコシを切り、レモン汁を混ぜる。
2 ナスタチウムの花を茎を少し残して切り取り、茎をつまんで卵白に浸し、全体にグラニュー糖をまぶす。
3 茎を糸で結び、乾燥した場所に吊して2日間乾燥させる。

F オレンジ皮のクリスタリゼ

1 オレンジの皮は、オレンジ色の部分のみを薄くむき取る。沸騰湯でやわらかくなるまでゆで、ざるに上げる。
2 1のオレンジの皮をボウルに入れ、溶かしバターを回しかけてまんべんなく混ぜ、冷蔵庫に入れてバターを冷やし固める。
3 グラニュー糖を全体にまぶし、180℃のオーヴンで15分ほど焼く。歯ごたえのアクセントとして使うので、普通のオレンジピールよりもかためでよい。

盛り付け

1 フルートグラスに3gのゼラチンを溶かしたプラムのジュレ（B）を1.5cm分ほど流し、冷やし固める。
2 1の上に、プラムのムース（C）を4cm分ほど流し、冷やし固める。
3 2の上に、1.5gのゼラチンを溶かしたプラムのジュレ（B）を5mm分ほど流し、冷やし固める。
4 3の上に、プラムのネージュ（D）を1cm分ほど流す。
5 オレンジ皮のクリスタリゼ（F）とナスタチウムのクリスタリゼ（E）をのせる。

プラムの冷たいグラスデザート　　　　　　　　　　　　　　プラムの温かいグラスデザート

1 プラムのジュレ
プラムのコンポートの煮汁をゼラチンで固めると、こんなにきれいなマゼンダカラーが

2 プラムのムース
プラムのコンポートのピュレにムラング・イタリエンヌと生クリームを混ぜて

3 プラムのゆるいジュレ
プラムのコンポートの煮汁を少量のゼラチンでゆるく固めて

4 プラムのネージュ
ゆるめに固めたプラムのジュレを泡立て器で撹拌してふんわり泡雪のように

5 ナスタチウムのクリスタリゼ
ナスタチウムの花に砂糖をまぶして乾燥

6 オレンジ皮のクリスタリゼ
ゆでたオレンジ皮にバターとグラニュー糖をまぶし、オーヴンで焼いて

7 プラムのサイコロジュレ
プラムのコンポートの煮汁を寒天で固め、表面を乾燥させて舌ざわりに変化を

8 バスマティ米のシロップ漬け
やわらかくゆでたバスマティ米をオレンジシロップに漬けて

9 タピオカのシロップ漬け
芯を少し残したアルデンテのタピオカに、甘いシロップをたっぷり含ませて

**10 ココナッツミルクの
アングレーズソース**
アングレーズソースをココナッツとオレンジリキュールでアレンジ

11 プラムのコンポートの煮汁

**12 オレンジの揚げパン
スティック**
揚げパンにグラニュー糖とオレンジ皮のすりおろしをまぶして

13 レモン汁とグラニュー糖でスノースタイル

プラムの温かいグラスデザート

　　　　　　　　メインパーツ

Gプラムのサイコロジュレ

プラムのコンポートの煮汁（A）　300ml

粉寒天　3g

グラニュー糖　3g

Hタピオカのシロップ漬け

タピオカ　ゆでて大さじ4

シロップ（糖度ブリックス22%）　適量

Iバスマティ米のシロップ漬け

バスマティ米　ゆでて大さじ4

シロップ（糖度ブリックス18%）　適量

オレンジの皮　1片

Gプラムのサイコロジュレ

1 プラムのコンポートの煮汁を鍋に入れて火にかけ、沸いたらボウルに移す。

2 粉寒天とグラニュー糖をよく混ぜ合わせ、1に加えて溶かす。

3 バットを水でぬらしてラップフィルムを貼り付け、2を1.5cm深さに流して冷やし固める。

4 ジュレを取り出し、1.5cm角のサイコロ状に切り、冷蔵庫に入れておく。

5 盛り付ける1時間前に取り出して室温に置く（表面だけを乾燥させて舌ざわりに変化を与えるため）。

Hタピオカのシロップ漬け

1 タピオカは芯が少し残る程度にゆで、シロップに漬ける。

Iバスマティ米のシロップ漬け

1 バスマティ米は洗わずに、たっぷりの湯でやわらかくなるまでゆでる。ざるに上げて水気を切る。

2 シロップに香り付け用のオレンジの皮を入れ、ここに1のバスマティ米を漬ける。

　　　　　　　　ソース

Jココナッツミルクのアングレーズソース

牛乳　175ml

ヴァニラビーンズ　1本

卵黄　60g

グラニュー糖　50g

ココナッツミルク　全体の5%

オレンジリキュール　全体の2割

Jココナッツミルクのアングレーズソース

1 鍋に牛乳を入れ、ヴァニラの種子をこそげ出してさやごと加え、火にかける。沸いたら火から下ろす。

2 卵黄とグラニュー糖をボウルに入れ、もったりとして白っぽくなるまで泡立てる。ここに1を加え混ぜ、ココナッツミルクも混ぜ入れる。

3 2を鍋に戻し、中火にかけてヘラで混ぜながら加熱する。とろみがついたら火から下ろし、ボウルに濾し入れる。

4 人肌程度まで粗熱を取り、オレンジリキュールを混ぜる。（ほんのり温かい温度で提供する）

K オレンジの揚げパンスティック
食パン　5mm角×長さ6cmの角棒4本
揚げ油（なたね油）　適量
グラニュー糖　適量
オレンジの皮（すりおろし）　グラニュー糖の1割

K オレンジの揚げパンスティック

1 角柱状に切ったパンを揚げ、よく油を切る。

2 グラニュー糖とオレンジの皮のすりおろしをよくすり合わせ、オレンジの香りを移す。これを1の揚げパンスティックにまぶす。

盛り付け
グラニュー糖　適量
レモン汁　適量
プラムのコンポートの煮汁（A）　適量
プラム（5mm角切り）　適量

盛り付け

1 グラニュー糖に少量のレモン汁をかけてしとらせる。これをバットなどに広げ、フルートグラスを伏せて押し付け、グラスの縁にぐるりと付ける。

2 1のグラスにプラムのコンポートの煮汁を1.5cm分ほど注ぐ。

3 タピオカのシロップ漬け（H）とバスマティ米のシロップ漬け（I）を汁気を切って同量ずつ合わせ、5mm角にきざんだプラムを混ぜる。2の上に3cm分ほど入れる。

4 ほんのり温かいココナッツミルクのアングレーズソース（J）を3の上から注ぐ。

5 プラムのサイコロジュレ（G）を数個入れ、オレンジの揚げパンスティック（K）を差す。

洋梨を3種類の感性で
Poires compotées aux trois senteurs

小粒な洋梨を赤ワイン、サフラン、メロンリキュールの3つの風味でコンポート。

ユニークな形をそのまま生かし、ガルニチュールのマカロン、スープ、ソースで味と食感に変化を。

A 洋梨の赤ワインコンポート

赤ワイン　500ml
水　200ml
グラニュー糖　適量
レモン（スライス）　1個分
若めの洋梨（バートレット）　3個
八角（スターアニス）　1個

A 洋梨の赤ワインコンポート

1 鍋に赤ワインを入れて沸かし、アルコール分を飛ばす。水を加え、糖度がブリックス25％になるまでグラニュー糖を混ぜ、レモンも加える。
2 洋梨を縦半分に切り、皮をむいて芯をくり抜く。茎は残す。これを1の鍋に入れて竹串がすっと通るまで煮る。
3 火から下ろして八角を入れ、容器に移して氷水に当てて冷やす。冷蔵庫に入れて最低2日間マリネする。

B 洋梨のサフランコンポート

水　700ml
グラニュー糖　適量
ヴァニラビーンズ（1回使ったもの）　2本
レモン（スライス）　2/3個分
サフラン　1つまみ
若めの洋梨（バートレット）　3個

B 洋梨のサフランコンポート

1 鍋で水を沸かし、糖度がブリックス22％になるまでグラニュー糖を混ぜる。ヴァニラビーンズ、レモン、サフランも加える。
2 洋梨を縦半分に切り、皮をむいて芯をくり抜く。茎は残す。これを1の鍋に入れて竹串がすっと通るまで煮る。
3 容器に移し、氷水に当てて冷やす。冷蔵庫に入れて最低2日間マリネする。

C 洋梨のメロンコンポート

水　600ml
グラニュー糖　適量
はちみつ（アカシア）　適量
レモン（スライス）　2/3個分
若めの洋梨（バートレット）　3個
メロンリキュール　100ml
ミント　2枝

C 洋梨のメロンコンポート

1 鍋で水を沸かし、糖度がブリックス20％になるまでグラニュー糖を混ぜ、さらに22％になるまではちみつを混ぜる。レモンも加える。
2 洋梨を縦半分に切り、皮をむいて芯をくり抜く。茎は残す。これを1の鍋に入れて竹串がすっと通るまで煮る。
3 容器に移し、メロンリキュールとミントを入れ、氷水に当てて冷やす。冷蔵庫に入れて最低2日間マリネする。

1 洋梨の赤ワインコンポート
小ぶりな洋梨を赤ワインでこっくりとコンポート。スターアニスをほんのりきかせて

2 洋梨のサフランコンポート
ヴァニラ風味のシロップをサフランで黄色に染めて洋梨をコンポート

3 洋梨のメロンコンポート
メロンリキュールのシロップをミントでアンフュゼして洋梨をコンポート

4 赤ワイン洋梨のフラン
赤ワインコンポートの洋梨を生クリームと卵のアパレイユでとじてフランに

5 サフラン洋梨のスープ
サフランコンポートの煮汁をスープに。3種類の洋梨コンポートを浮かべ、ボトムにはヨーグルトジュレを

6 ピスタチオクリームの抹茶マカロン
抹茶マカロンでピスタチオ風味のバタークリームとミントを挟んで

7 ピスタチオのキャラメリゼと洋梨チップのミックス

8 くるみのキャラメリゼと洋梨チップのミックス

9 松の実のキャラメリゼとチョコレートのミックス

D 赤ワイン洋梨のフラン

生クリーム（乳脂肪分38%）　200g

全卵　50g

グラニュー糖　20g

洋梨の赤ワインコンポート（A）　適量

粉糖　適量

E サフラン洋梨のスープ

サフラン洋梨とヨーグルトのジュレ

洋梨のサフランコンポート（B）　約50g

水　50ml

板ゼラチン（冷水に浸けてふやかす）　1.5g

ヨーグルト　10g

ヴァニラビーンズ（種子のみ）　1/4本分

サフラン洋梨のスープ

洋梨のサフランコンポートの煮汁（B）　200ml

板ゼラチン（冷水に浸けてふやかす）　1g

組み立て

洋梨の赤ワインコンポート（A、小さく切る）　少量

洋梨のサフランコンポート（B、小さく切る）　少量

洋梨のメロンコンポート（C、小さく切る）　少量

F ピスタチオクリームの抹茶マカロン

抹茶マカロン

アーモンドパウダー　24g

抹茶（粉）　2g

粉糖　56g

メレンゲ（P.267）　卵白25g＋グラニュー糖8g

ピスタチオ　適量

ピスタチオクリーム

バター（室温に戻す）　110g

グラニュー糖　5g

ムラング・イタリエンヌ（P.267）

┌ 卵白　30g

└ シロップ　グラニュー糖90g＋水15g

ピスタチオ（みじん切り）　クリームの1割

組み立て

ミント（せん切り）　適量

D 赤ワイン洋梨のフラン

1 ボウルに生クリーム、全卵、グラニュー糖を入れてよく混ぜ合わせる。

2 洋梨の赤ワインコンポートを1cm厚さに切って小さなバットに並べ入れ、1を約1.5cm深さに流す。

3 湯せんにして160℃のオーヴンで30〜35分焼く。

4 粗熱が取れたら粉糖をふり、2.5cm角に切る。

E サフラン洋梨のスープ

サフラン洋梨とヨーグルトのジュレ

1 洋梨のサフランコンポートと水をフードプロセッサーで攪拌してピュレにする。

2 1を沸かない程度に温め、ふやかした板ゼラチンを入れて溶かす。粗熱を取り、ヨーグルトとヴァニラの種子を混ぜる。

3 小さなグラスに1cm深さに流し、冷やし固める。

サフラン洋梨のスープ

1 洋梨のサフランコンポートの煮汁を沸かない程度に温め、ふやかした板ゼラチンを入れて溶かし、冷ます。

組み立て

1 冷やし固めたサフラン洋梨とヨーグルトのジュレの上に、小さく切った3種類の洋梨のコンポートをのせる。サフラン洋梨のスープを注ぐ。

F ピスタチオクリームの抹茶マカロン

抹茶マカロン

1 アーモンドパウダー、抹茶、粉糖を合わせてふるい、メレンゲに混ぜ入れる。

2 シルパットの上に、直径3cmほどに円く絞る（2個1組みで1人前）。ふたになる方にはピスタチオをのせる。

3 150℃のオーヴンで10分ほど焼く。

ピスタチオクリーム

1 バターとグラニュー糖をすり合わせてクリーム状にする。

2 ムラング・イタリエンヌを加え混ぜ、ピスタチオのみじん切りを1割量混ぜる。

組み立て

1 抹茶マカロン（ピスタチオを付けなかった方）にピスタチオクリームをぬり、ミントのせん切りを少量のせ、ピスタチオ付きマカロンでふたをする。

G 3種類の洋梨のコンポートソース
洋梨の赤ワイン、サフラン、メロンのコンポートの煮
  汁（A、B、C） 各適量
葛粉 適量

G 3種類の洋梨のコンポートソース

1 赤ワイン、サフラン、メロンの3種類のコンポートの煮汁を別々に
  適量ずつ沸かし、水溶きした葛粉を加えてとろみをつけ、それぞれ
  濾して室温に置く。

H ピスタチオ、くるみ、松の実のキャラメリゼ
シロップ ┌水 適量
      ├グラニュー糖 水の3倍
      └水飴 グラニュー糖の1割
ピスタチオ（きざむ） 20g
くるみ（きざむ） 20g
松の実 20g
粉糖 適量

H ピスタチオ、くるみ、松の実のキャラメリゼ

1 シロップをつくる（分量は3種類のナッツを漬けられる程度あればよ
  い）。水に3倍量のグラニュー糖を加えて沸かし、水飴を混ぜる。こ
  れを3等分する。
2 1のシロップに、それぞれピスタチオ、くるみ、松の実を10分ほど
  漬ける。
3 2のナッツをそれぞれ天板に広げ、180℃のオーヴンで2分ほど焼き、
  いったん取り出して粉糖をふり、さらに1〜2分焼く。

I 洋梨のチップ
洋梨（極薄スライス） 1/2個分
シロップ（糖度ブリックス18％） 適量

I 洋梨のチップ

1 洋梨を皮付きでできるだけ薄くスライスし、熱いシロップに漬ける。
  冷めたら1日冷蔵庫に入れてマリネする。
2 シルパットに並べ、110℃のオーヴンで30分焼く。
3 せん切りにする。砕けてしまったものも盛り付けるときに使うので
  取っておく。

盛り付け
チョコレート（きざむ） 適量

盛り付け

1 3種類の洋梨のコンポート（A、B、C）の底部を水平に切り落とし、座り
  をよくする。これをそれぞれのコンポートソース（G）に浸してソー
  スをからませてから器に盛る。
2 2.5cm角に切った赤ワイン洋梨のフラン（D）、グラスに入れたサフラ
  ン洋梨のスープ（E）、ピスタチオクリームの抹茶マカロン（F）を1と
  対にして置く。
3 ピスタチオのキャラメリゼ（H）と砕いた洋梨のチップ（I）を混ぜ、く
  るみのキャラメリゼ（H）にも砕いた洋梨のチップ（I）を混ぜる。松の
  実のキャラメリゼ（H）にはきざんだチョコレートを混ぜる。これら
  を1と2をつなぐように細く散らす。

ラ・フランスとクイニャマンのタルトレット アニスの香り
Kouign-amann aux poires, accompagné de poire anisée

発酵バターの香り豊かなサクサクのクイニャマンに、はちみつキャラメルでソテーしたラ・フランスを詰める。
ここちよい酸味のフロマージュブランのソースとアニスの若く青い香りを添えて。

Eléments Principaux　　　　　　　　　　　　　　　メインパーツ

Aラ・フランスのクイニャマン

クイニャマン
牛乳　90g
インスタントドライイースト　10g
中力粉　125g
薄塩発酵バター（Beurre demi-sel）　90g
グラニュー糖　50g

Aラ・フランスのクイニャマン

クイニャマン
1 牛乳を30℃弱に温め、インスタントドライイーストを入れて溶かす。ここに中力粉をふるい入れて混ぜる。生地がひとまとまりになったら、パンをこねる要領でしっかりとこねる。
2 生地を丸めてボウルに入れ、ラップフィルムをかぶせて温かい場所に置き、2倍にふくらむまで発酵させる（1次発酵）。
3 フイユタージュ生地のバターの折り込みの要領で、生地と薄塩発酵バターを3つ折りで折り込んでいく。まず、2の生地を正方形にのばし、バターをそれよりも二回りほど小さな正方形に整える。生地の中央にバターを45度ずらしてのせ、生地の四隅を中央に折り返して包み込む。それを縦長の長方形にのばして3つ折りにし、ビニールで包んで冷蔵庫で30～40分休ませる。
4 3の生地を縦方向に長くのばして長方形にし、全面にグラニュー糖をふりかける。上下から中央に折り返し、さらに半分に折る（4つ折り）。ビニールで包み、冷蔵庫で30～40分休ませる。
5 めん棒で5mm厚さにのばし、しばらく置いて生地の縮みを待つ。
6 直径9cmのセルクルで抜き、直径7cm、高さ1cmのセルクルに敷き込む（1人前1台）。温かい場所に20～30分置いて発酵させる（2次発酵）。

ラ・フランスのソテー
ラ・フランス　約2個
はちみつ　15g
グラニュー糖　10g
オー・ド・ヴィ・ド・ポワール✥　適量
アニスシード（細かくきざむ）　1つまみ
✥洋梨の蒸留酒。

ラ・フランスのソテー
1 ラ・フランスを縦半分に切り、皮と芯を取る。1.5cm角に切る。
2 フライパンにはちみつとグラニュー糖を入れて弱火にかけ、茶色く煮詰まったら、1のラ・フランスを入れて中火でソテーする。水っぽさがなくなり、全体が色づいたら、オー・ド・ヴィ・ド・ポワールを入れてアルコール分を飛ばし、アニスシードを加えてひと混ぜする。火から下ろして室温に冷ます。

1 ラ・フランスのクイニャマン
クイニャマンの生地をセルクルに敷き、ラ・フランスのソテーをたっぷり詰める。まわりはサクサク、中はジューシィ、アニスがほわんと香る

2 ラ・フランスのアニスソテー
はちみつキャラメルでラ・フランスをソテー。アニスシードをひとつまみ加えて

3 ラ・フランスのチップ
ラ・フランスのスライスをシロップに漬け、低温オーヴンで乾燥焼き

4 ラ・フランスのコンポート
ヴァニラとアニスの香りのシロップでラ・フランスをコンポート。表面をキャラメリゼして香ばしく

5 ラ・フランスとフロマージュブランのソース
ラ・フランスのコンポートの煮汁にフロマージュブランを混ぜて

6 ラ・フランスとアニスのソース
ラ・フランスのコンポートの煮汁にきざんだアニスシードをひとつまみ混ぜて

組み立て・焼成
ジェノワーズ（P.262）　厚さ3mm、直径7cm弱4枚
ラ・フランス（スライス）　適量
グラニュー糖　適量
薄塩発酵バター　適量
アプリコットナパージュ　適量

組み立て・焼成

1 2次発酵させたクイニャマンに厚さ3mmのジェノワーズを敷き、ラ・フランスのソテーを詰める。

2 スライスしたラ・フランスを1の上に形よく並べる。多少はみ出すくらいでよい。

3 グラニュー糖をふり、薄塩発酵バターの小片をいくつかのせる。

4 180℃のオーヴンで30〜40分焼く。底のクイニャマンが色づいてサクサクになっていればよい。

5 グラニュー糖をふり、ガスバーナーで焙って焦げ目をつけ、アプリコットナパージュをぬる。

Eléments Complémentaires

サブパーツ

B ラ・フランスのコンポート＊
ラ・フランス（やや若めのかたいもの）　4〜5個
シロップ（糖度ブリックス22％）　1L
レモン（スライス）　1個分
ヴァニラビーンズ（1回使ったもの）　2本
アニスシード　3g

B ラ・フランスのコンポート

1 ラ・フランスは縦半分に切り、皮と芯を取る。

2 鍋でシロップを沸かし、レモンとヴァニラビーンズを入れる。レモンにほぼ火が通ったら1のラ・フランスを入れ、再沸騰したらごく弱火にして7〜8分煮る。

3 すぐに別の容器に移して氷水に当てて冷やし、アニスシードを加える。冷蔵庫に入れて最低2日間マリネする。

Sauces

ソース

C ラ・フランスとフロマージュブランのソース
ラ・フランスのコンポートの煮汁（B）　適量
葛粉　適量
フロマージュブラン（乳脂肪分40％）　煮汁の1割

C ラ・フランスとフロマージュブランのソース

1 鍋でラ・フランスのコンポートの煮汁を沸かし、水溶きした葛粉を加えてとろみをつけ、濾す。

2 冷ましてから、1割量のフロマージュブランを混ぜる。

D ラ・フランスとアニスのソース
ラ・フランスのコンポートの煮汁（B）　適量
葛粉　適量
アニスシード（細かくきざむ）　少量

D ラ・フランスとアニスのソース

1 鍋でラ・フランスのコンポートの煮汁を沸かし、水溶きした葛粉を加えてとろみをつけ、濾す。

2 細かくきざんだアニスシードを少量混ぜ、室温に冷ます。

E ラ・フランスのチップ
ラ・フランス（皮付き極薄スライス）　12枚
シロップ（糖度ブリックス25%）　適量

E ラ・フランスのチップ

1 ラ・フランスを皮付きのままできるだけ薄くスライスし、容器に入れる。
2 シロップを沸かし、1の容器に注ぎ入れる。冷えたら冷蔵庫に入れて1日マリネする。
3 シルパットに並べ、110℃のオーヴンで30分焼く。

F ラ・フランスのアニスソテー
ラ・フランス　2個
はちみつ　20g
グラニュー糖　20g
オー・ド・ヴィ・ド・ポワール　適量
アニスシード　2つまみ

F ラ・フランスのアニスソテー

1 ラ・フランスは縦半分に切って皮と芯を取り、1.5cm角に切る。
2 フライパンにはちみつとグラニュー糖を入れ、茶色く煮詰める。1のラ・フランスを加えて中火でソテーする。水っぽさがなくなって全体が色づいたら、オー・ド・ヴィ・ド・ポワールを入れてアルコール分を飛ばし、アニスシードを加えてひと混ぜし、火から下ろして室温に冷ます。

盛り付け

1 ラ・フランスのクイニャマン（A）を皿に盛る。
2 ラ・フランスのコンポート（B）を直径1cmの丸型で抜き、グラニュー糖（分量外）をふりかけてガスバーナーでキャラメリゼし、皿に盛る。
3 ラ・フランスのアニスソテー（F）を大さじ1ほど盛り、ラ・フランスのチップ（E）を3枚差す。
4 ラ・フランスとフロマージュブランのソース（C）、ラ・フランスとアニスのソース（D）を流す。

カモミールの花

りんごのミルフイユにトロピカルなスープを添えて
Mille-feuille aux pommes au cidre et au rhum
—— soupe de pomme à la saveur de soleil tropical

芯までこんがり焼き切った香ばしいパイと、
はちみつとシードルで煮込んだりんごのコンフィテュールをミルフイユに。
ラム酒をきかせたキャラメルソースとシナモン風味のアングレーズソースを添えて。

　　　　メインパーツ

A りんごのミルフイユ

りんごのコンフィテュール＊
りんご（秋田ゴールド）　5個
シロップ（糖度ブリックス16％）　300g
はちみつ（りんごの花）　30g
シードル（Cidre brut）　200g
ホワイトラム　少量

フイユタージュ
フイユタージュ生地（P.264）　厚さ2〜3mm、
　12cm×26cmの長方形1枚
粉糖　適量

　　　　サブパーツ

B りんごのコンポート＊
りんご（秋田ゴールド）　約4個
シロップ（糖度ブリックス21％）　1L
レモン（スライス）　1/2個分
ヴァニラビーンズ（1回使ったもの）　1本
シナモンスティック　1本
くちなしの実　1個

A りんごのミルフイユ

りんごのコンフィテュール
1　りんごは皮と芯を取り、1.5cm角に切る。
2　鍋にシロップ、1のりんご、はちみつ、シードルを入れ、ふたをして火にかける。焦げない程度の火加減で、水分がほぼなくなるまで煮る。
3　木ベラで混ぜてつぶしながらさらに水分を飛ばす。ただし、完全につぶさずに多少固まりを残す。
4　ホワイトラムを加えてひと混ぜし、容器に取り出し、室温に冷ます。

フイユタージュ
1　フイユタージュ生地にピケローラー（または串など）で穴を開ける。重しの鉄板をのせ（ふくらみを抑えるため）、180℃のオーヴンで8〜10分ほど焼く。
2　一面に粉糖をたっぷりふりかけ、240℃のオーヴンで粉糖がキャラメル状になるまで焼く。

B りんごのコンポート
1　りんごは16等分のくし形に切り、皮と芯を取る。
2　鍋でシロップを沸かし、レモン、ヴァニラビーンズ、シナモンスティック、くちなしの実を入れる。1のりんごも加え、落としぶたをして沸かない程度の火加減で5〜6分ほど煮る。
3　容器に移して氷水に当てて冷やし、冷蔵庫に入れて最低2日間マリネする。

1 りんごのミルフイユ
はちみつとシードルで煮込んだりんごをサクサクのパイに挟んで

2 りんごのコンポート
シナモンの香りのシロップでりんごをコンポート。くちなしの実でほんのり黄色に

3 フレッシュりんご。秋田ゴールドは皮が黄色

4 キャラメルラムソース
茶色に煮詰めたキャラメルにラム酒を混ぜて

5 アングレーズソース

6 シナモンのアングレーズソース
アングレーズソースにシナモンパウダーを混ぜてアレンジ

7 トロピカルシードルスープ
シードルにライム、ヴァニラ、シナモン、クローブ、ナツメグ、しょうがを香らせたホットスープ。りんごを浮かべて

C シナモンのアングレーズソース
アングレーズソース（P.242） 150g
シナモンパウダー 1g

C シナモンのアングレーズソース
1 242ページを参照してアングレーズソースをつくるが、卵黄とグラニュー糖を混ぜるときに、シナモンパウダーを一緒に混ぜて仕上げる。

D キャラメルラムソース
グラニュー糖 100g
水 15g
ラム酒 25g

D キャラメルラムソース
1 鍋にグラニュー糖を入れ、茶色いキャラメル状になるまで煮詰める。火から下ろして水を加え、再び火にかけてむらなく溶きのばす。
2 ラム酒を加えてアルコール分を飛ばす。

Garnitures 付け合わせ

E トロピカルシードルスープ ✻
┌ シードル（Cidre brut） 500g
│ 水 700g
❖ カソナード 140g
│ グラニュー糖 50g
└ ホワイトラム 少量
┌ ヴァニラビーンズ（1回使ったもの） 1本
│ シナモンスティック 1本
✻ クローブ 5個
│ ナツメグ（粉） 少量
└ しょうが（せん切り） 5g
ライム（スライス） 4枚
りんご（秋田ゴールド、3mm角切り） 適量

E トロピカルシードルスープ
1 鍋に❖の材料を入れて火にかける。沸いたら✻の材料を入れる。再沸騰したらライムを加え、容器に移して冷ます。冷蔵庫に1日入れておく。
2 1を濾し、供するときは温め直して小さなグラスに入れ、3mm角切りのりんごを浮かべる。

Présentation 仕上げ

盛り付け
りんご（秋田ゴールド、皮付きくし形切り） 4片
アングレーズソース（P.242） 適量

盛り付け
1 フイユタージュ（A）を1.8cm×6.2cmの長方形に切る（1人前6枚）。
2 1のフイユタージュ6枚の間にりんごのコンフィチュール（A）を挟む。はみ出した分は、パレットナイフなどで取り除き、皿に寝かせて盛る。
3 くし形に切ったりんごを添え、上にりんごのコンポート（B）を重ねる。
4 シナモンのアングレーズソース（C）、キャラメルラムソース（D）、アングレーズソースを流す。
5 トロピカルシードルスープ（E）を添える。

2種類のマカロンにフランボワーズを挟み、ソルベとともに
Macarons vanille et framboise —— compote, confiture, sorbet et brochette farcie

身質が繊細なフランボワーズには、もろくはかない食感のマカロンがよく似合う。

コンポート、コンフィチュール、ソルベ、ソ 界 じの紅色からも
フランボワーズのフレッシュな甘ずっぱさが香る。

Bases	ベース

A フランボワーズのコンポート＊

シロップ（糖度ブリックス24%） 1L
レモン汁 1/2個分
コリアンダー（粒） 15粒
フランボワーズ 250g
レモン（スライス） 4枚

A フランボワーズのコンポート

1 鍋にシロップを入れて火にかける。沸いたら火から下ろし、レモン汁とコリアンダーを加え、80℃に冷めるまでそのまま置く。
2 容器にフランボワーズを入れ、80℃に冷めた1のシロップを注ぐ。レモンを加え、ラップフィルムを落としてかぶせ、冷めるまで置く。冷蔵庫に入れて1〜2日間マリネする。

Eléments Principaux	メインパーツ

B ヴァニラのマカロン

ヴァニラマカロン

粉糖 55g
アーモンドパウダー 25g
ヴァニラビーンズ（種子のみ） 適量
卵白 25g

B ヴァニラのマカロン

ヴァニラマカロン

1 粉糖とアーモンドパウダーとヴァニラビーンズをよく混ぜ合わせておく。
2 卵白を泡立ててしっかりとしたメレンゲをつくる。
3 2のメレンゲに1をふり入れながら、ゴムベラで切るように混ぜ込んでいく。つやが出てくるまで混ぜる。
4 星口金を付けた絞り袋に入れ、適量絞り出し、台に打ちつけて平らな円形（直径約8cm）にする（1人前2枚）。
5 140℃のオーヴンで12分ほど焼く。

フランボワーズのクレーム・パティシエール

クレーム・パティシエール（P.250） 適量
フランボワーズリキュール 少量

フランボワーズのクレーム・パティシエール

1 クレーム・パティシエールにフランボワーズリキュールを少量加えて混ぜる。

組み立て

マカロン用ジェノワーズ（P.262） 厚さ5mm、
　直径8cmの円形4枚
フランボワーズのコンポート（A） 適量

組み立て

1 ヴァニラマカロン1枚を上下を返して置き、マカロン用ジェノワーズをのせ、フランボワーズのクレーム・パティシエールをぬる。
2 フランボワーズのコンポート（A）を汁気を切って1の上に並べ、隙間にフランボワーズのクレーム・パティシエールを絞り、もう1枚のヴァニラマカロンでふたをする。

1 ヴァニラのマカロン
フランボワーズのコンポートとフランボワーズ風味のクレーム・パティシエールを挟んで

2 フランボワーズのマカロン
フランボワーズコンフィチュール、ヴァニラのクレーム・シャンティイ、クリームを詰めて串刺しにしたフレッシュフランボワーズを挟んで

3 フランボワーズのソルベ
フレッシュフランボワーズをたっぷり配合。フランボワーズリキュールで香りをプラス。ジェノワーズをクッションに

4 フランボワーズソース
フランボワーズコンポートのピュレにフランボワーズリキュールをほんのり香らせて

5 アングレーズのクリームソース
アングレーズソースにクレーム・シャンティイを混ぜたクリーミィなソース

6 フロマージュブランとはちみつのソース
フロマージュブランにアカシアはちみつを混ぜたシンプルでさわやかなソース

Cフランボワーズのマカロン

フランボワーズマカロン
粉糖　55g
アーモンドパウダー　25g
ドライフランボワーズの粉末※　2g
卵白　25g
※ドライフランボワーズ（フランス産）をミルで粉砕
したもの。

フランボワーズのコンフィチュール
フランボワーズ　75g
グラニュー糖　40g
水飴　10g
レモン汁　少量

ヴァニラのクレーム・シャンティイ
生クリーム（乳脂肪分45％）　100g
グラニュー糖　6g
ヴァニラビーンズ（種子のみ）　1/2本分

組み立て
フランボワーズ　12個

Cフランボワーズのマカロン

フランボワーズマカロン
1 粉糖とアーモンドパウダーとドライフランボワーズの粉末をよく混
　ぜ合わせておく。
2 卵白を泡立ててしっかりとしたメレンゲをつくる。
3 2のメレンゲに1をふり入れながら、ゴムベラで切るように混ぜ込ん
　でいく。つやが出てくるまで混ぜる。
4 丸口金を付けた絞り袋に入れ、長さ8cmほどのネコの舌のような形
　に絞る（1人前2枚）。
5 140℃のオーヴンで12分ほど焼く。

フランボワーズのコンフィチュール
1 鍋にフランボワーズを入れ、グラニュー糖をまぶし、水飴とレモン
　汁も加え、火にかける。とろ火でゆっくりと煮て、濃度がついたら
　火を止める。

ヴァニラのクレーム・シャンティイ
1 生クリームにグラニュー糖とヴァニラビーンズを加えて泡立てる。

組み立て
1 フランボワーズマカロン1枚を上下を返して置き、フランボワーズ
　のコンフィチュールをぬる。
2 フランボワーズの中央の空洞にヴァニラのクレーム・シャンティイ
　を詰め、3個串刺しにして、1の上にのせる。
3 2の上にヴァニラのクレーム・シャンティイを絞り、もう1枚のフラ
　ンボワーズマカロンでふたをする。

D フランボワーズのソルベ ✳
水　400ml
トレモリーヌ（P.268）　50g
グラニュー糖　55g
フランボワーズ　500g
フランボワーズリキュール　40g

D フランボワーズのソルベ
1 鍋に水、トレモリーヌ、グラニュー糖を入れて火にかけ、沸いたら火から下ろす。
2 ボウルにフランボワーズを入れ、1を注ぎ入れる。そのまま冷めるまで置く。
3 2をミキサーにかけて濾し、フランボワーズリキュールを混ぜる。
4 アイスクリームマシンにかける。

E フランボワーズソース
フランボワーズのコンポート（A、汁ごと）　適量
葛粉　少量
フランボワーズリキュール　少量

E フランボワーズソース
1 フランボワーズのコンポートのうち、形のくずれたものなどを適量取り出し、汁とともにミキサーにかけて液状にする。
2 1を小鍋に入れて沸かし、水溶きした葛粉を加えてとろみをつける。これを濾し、冷ましてからフランボワーズリキュールを混ぜる。

F アングレーズのクリームソース
アングレーズソース（P.242）　280g
6分立てのクレーム・シャンティイ
　（P.267、乳脂肪分38％、6％加糖）　75g

F アングレーズのクリームソース
1 アングレーズソースと6分立てのクレーム・シャンティイを混ぜ合わせる。

G フロマージュブランとはちみつのソース
フロマージュブラン（乳脂肪分40％）　50g
はちみつ（アカシア）　10g

G フロマージュブランとはちみつのソース
1 フロマージュブランとはちみつを混ぜ合わせる。

盛り付け
ソルベ用ジェノワーズ（P.262）
　厚さ2mm、2.5cm×4cmの長方形4枚
フランボワーズの枝と実　適量

盛り付け
1 ヴァニラのマカロン（B）とフランボワーズのマカロン（C）を皿に盛る。
2 ソルベ用ジェノワーズを敷き、フランボワーズのソルベ（D）をのせる。
3 フランボワーズソース（E）、アングレーズのクリームソース（F）、フロマージュブランとはちみつのソース（G）を流す。
4 フランボワーズの枝と実をあしらう。

小さな梨のコンポートにクリームを詰め、ジャスミンの風味で

Compote de petits Nashis farcis —— saveur agréable de jasmin

小粒な梨をとろんと甘くコンポートし、ジャスミンミルクティ風味のクレーム・パティシエールをしのばせる。
キャラメルとチョコレートのほろ苦いソースがアクセント。

Eléments Principaux	メインパーツ

A 小梨のコンポート

小ぶりの梨　4個

シロップ（糖度ブリックス21％）　1.5L

レモン（スライス）　1.5個分

ヴァニラビーンズ（1回使ったもの）　1本

A 小梨のコンポート

1　梨は小ぶりなものを使う。天地を水平に少し切り落とし、皮をむき、
　上から芯をくり抜く（下まで貫通させない）。

2　鍋でシロップを沸かしてレモンを入れ、1の梨とヴァニラビーンズも
　入れる。再沸騰したら火から下ろし、4〜5分間そのまま置く。

3　容器に移して氷水に当てて冷やし、冷蔵庫に入れて最低2日間マリ
　ネする。

Eléments Complémentaires	サブパーツ

B ジャスミンのクレーム・パティシエール

6分立てのクレーム・シャンティイ
　（P.267、乳脂肪38％、6％加糖）　50g

クレーム・パティシエール（P.250）　100g

ジャスミン紅茶葉の粉（ミルで粉砕してふるう）
　少量

コワントロー　5g

B ジャスミンのクレーム・パティシエール

1　6％加糖した6分立て（クレーム・パティシエールと同程度の濃度）の
　クレーム・シャンティイとクレーム・パティシエールを混ぜ合わせ
　る。

2　ジャスミン紅茶葉の粉、コワントローを混ぜ入れる。

1 小梨のコンポート
小ぶりの梨をヴァニラビーンズ入りシロップでコンポート。中にジャスミンミルクティ風味のクレーム・パティシエールを詰めて

2 梨のチップ
梨スライスをシロップに漬け、低温オーヴンで乾燥焼き

**3 フイユタージュの
チョコスティック**
ザクッと強い食感のパイにチョコがけしてジャスミン紅茶葉の粉をまぶして

4 チョコレートのスティック
溶かしたチョコレートをコルネで細く絞って

5 ジャスミンのビスキュイ・ジョコンド
ジャスミン茶葉の粉を混ぜ入れたビスキュイ。チョコレート生地でデコレーション

6 ジャスミンのアイスクリーム
ジャスミンミルクティでつくったオリエンタルムードなアイスクリーム

7 キャラメルソース
茶色に煮詰めたキャラメルを生クリームで溶きのばしたコクのあるソース

8 チョコレートのグラサージュ
ゼラチンでとろみを強くしたチョコレートソースで皿に波模様を描いて

9 ミントを混ぜた梨の角切り

10 ミントの小枝

11 ジャスミンの紅茶葉を添えてプレゼンテーション

Cジャスミンのビスキュイ・ジョコンド

デコレーション用チョコレート

バター（室温に戻す） 50g
グラニュー糖 50g
卵白 50g
薄力粉 50g
ココアパウダー 15g

Cジャスミンのビスキュイ・ジョコンド

デコレーション用チョコレート

1 ボウルに室温に戻したバター、グラニュー糖を入れ、すり混ぜてクリーム状にする。
2 卵白を溶きほぐしてコシを切り、1に加えてよく混ぜる。
3 薄力粉とココアパウダーを合わせてふるい、2に加えてヘラで混ぜる。
4 シルパットの上に細く絞り出して格子模様を描き、そのまま冷凍庫で冷やし固める。

ジャスミンのビスキュイ・ジョコンド生地

アーモンドパウダー 100g
粉糖 30g
ジャスミン紅茶葉の粉（ミルで粉砕してふるう） 5g
全卵 2個
8分立てのメレンゲ 卵白100g＋グラニュー糖70g
薄力粉 40g
溶かしバター 25g

ジャスミンのビスキュイ・ジョコンド生地

1 アーモンドパウダー、粉糖、ジャスミン紅茶葉の粉をよく混ぜ合わせ、ボウルに入れる。溶きほぐした全卵を2～3回に分けて混ぜ入れ、生地が白っぽくなってもったりするまでよく混ぜ合わせる。
2 8分立てのメレンゲの2/3量を2回に分けて1に混ぜ入れ、ヘラでさっくりと混ぜる。
3 薄力粉を加え、ヘラでさっくりと混ぜる。
4 残りのメレンゲを加え、軽く混ぜる（メレンゲがところどころに残る程度でよい）。
5 4の一部をすくい取って溶かしバターと混ぜ、これを残りの生地に戻して混ぜ合わせる。

焼成

1 デコレーション用チョコレートを絞ったシルパットに、ジャスミンのビスキュイ・ジョコンド生地を厚さ5mmに流し重ね、上火210℃、下火200℃のオーヴンで10分ほど焼く。
2 裏返してシルパットをはがし、乾燥しないように紙をのせて冷ます。

Glaces　アイスクリーム

Dジャスミンのアイスクリーム＊

牛乳 1.2kg
ジャスミン紅茶葉 70g
卵黄 12個
グラニュー糖 225g
ビドフィックス（P.268） 7g
生クリーム（乳脂肪分38％） 300g

Dジャスミンのアイスクリーム

1 牛乳を沸かし、ジャスミン紅茶葉を入れ、火から下ろしてふたをして3分蒸らす。漉す。
2 卵黄とグラニュー糖をもったりと白っぽくなるまで泡立てる。1のミルクティーを細く垂らして混ぜ込んでいく。
3 2を鍋に戻し、中火にかけて混ぜながら加熱する。とろみがついたら火から下ろし、ボウルに漉し入れ、氷水に当てて粗熱を取る。
4 1つまみのグラニュー糖（分量外）を混ぜたビドフィックスを3に加え混ぜる。
5 生クリームを4に混ぜる。
6 アイスクリームマシンにかける。

⁘容量が1L以下の小型アイスクリームマシンでつくる場合は、生クリームを混ぜる前の4をアイスクリームマシンにかけ、とろみがついてきたら、6分立て程度に泡立てた生クリームを加えて最後まで仕上げるとよい。

E キャラメルソース
グラニュー糖　50g
生クリーム（乳脂肪分38％）　30g

F チョコレートのグラサージュ
水　160g
ナパージュ　40g
グラニュー糖　140g
チョコレート（カカオ分66％）　60g
ココアパウダー　40g
生クリーム（乳脂肪分38％）　120g
板ゼラチン（冷水に浸けてふやかす）　9g

E キャラメルソース

1 グラニュー糖を鍋で茶色になるまで加熱し、火から下ろして生クリームを加え、再び火にかけて溶きのばす。

F チョコレートのグラサージュ

1 鍋に水、ナパージュ、グラニュー糖を入れて沸かし、シロップにする。
2 ボウルに細かくきざんだチョコレート、ココアパウダー、生クリームを入れ、湯せんで溶かして混ぜる。
3 2に1のシロップを細く垂らして加えながら混ぜる。ふやかした板ゼラチンを入れて溶かす。
4 濾して室温で冷ます。

G 梨のチップ
小ぶりの梨　1個
シロップ（糖度ブリックス23％）　適量

G 梨のチップ

1 梨を縦半分に切り、芯をくり抜く。皮付きのまま、できるだけ薄いくし形にスライスする。
2 シロップを沸かし、火から下ろして1の梨を漬ける。冷めたら冷蔵庫に1日入れてマリネする。
3 シルパットの上に2の梨を並べ、110℃のオーヴンで30～40分焼く。少し焼き色が付いたほうがよい。
4 熱いうちにトヨ型に入れ、ゆるいカーブをつけつつ冷ます。

H フイユタージュのチョコスティック
フイユタージュ生地（P.264）
　2mm×2mm×長さ7cmの角棒4本
チョコレート（カカオ分56％）　適量
ジャスミン紅茶葉の粉末（ミルで粉砕してふるう）
　適量

H フイユタージュのチョコスティック

1 フイユタージュ生地を2mm×2mm×長さ7cmに切り、上下をシルパットで挟み、180℃のオーヴンで12分ほど焼く。しっかり焼き色をつけること。（上にかぶせたシルパットは、浮きすぎないようにするための重しの役割）
2 チョコレートを細かくきざんで湯せんで溶かす。ここに1のフイユタージュスティックを浸け、引き揚げてジャスミン紅茶葉の粉末を少々ふりかける。

I チョコレートのスティック
チョコレート（カカオ分56％）　適量

I チョコレートのスティック

1 チョコレートを細かくきざんで湯せんで溶かし、コルネで長さ7cmの細い棒状に絞り、固める（1人前5本）。

盛り付け

梨（5mm角切り）　適量

ミントの葉（せん切り）　適量

ミント　小枝4本

ジャスミン紅茶葉　適量

盛り付け

1　皿にチョコレートのグラサージュ（F）を適量のせ、コームを使って波形に広げる（P.234）。

2　ジャスミンのビスキュイ・ショコンド（C）を1人前の大きさに切り出し（ここでは長辺約10cmの平行四辺形）、チョコレートの格子模様を上に向けて1の皿にのせる。

3　5mm角切りの梨とミントのせん切りを混ぜ、2のビスキュイの左側に広げてのせる。

4　小梨のコンポート（A）の汁気を軽く切り、中にジャスミンのクレーム・パティシエール（B）を詰め、3の上に置く。クリームの部分にフイユタージュのチョコスティック（H）1本と、チョコレートのスティック（I）5本を差す。スティックを取り囲むように梨のチップ（G）を7〜8枚、少しずつ向きをずらしながら重ねる。

5　ジャスミンのアイスクリーム（D）を盛り、キャラメルソース（E）を流す。

6　ミントの小枝を添え、ジャスミン紅茶葉を皿の隅にあしらう。

夏の野菜とフルーツのデザート　モロヘイヤとトマトのソルベを添えて
Légumes & fruits d'été, sorbets au mulukhiyya et à la tomate

夏野菜をシロップ漬けにしてフルーツと組み合わせてみる。

色、形、風味、食感　ひとつひとつ確かめながら味わう楽しさ。

フレッシュなトマトソルベと謎めいた深い緑色のモロヘイヤソルベを添えて。

Eléments Principaux	メインパーツ

A 野菜のシロップ漬け

シロップ（糖度ブリックス21％）　700ml

小さな赤・黄ピーマン　各1個

チェリートマト　8個

小さなオクラ　4本

夕顔（1.5cm厚さの輪切り）　1枚

モロヘイヤ　1枝

ワイルドライス　約大さじ2

A 野菜のシロップ漬け

1 冷やしたシロップをボウルに入れ、ボウルを氷水に当ててさらに冷やす。

2 赤・黄ピーマンは、丸のまま直火で焼いて皮を焦がしてむき取り、へたと種も取る。細切りにし、塩を加えた沸騰湯でゆで、水気を拭き取って1のシロップに漬ける。

3 チェリートマトは、シリの皮に十字の切り目を入れ、沸騰湯にさっとくぐらせる。皮をへたのところまでめくり上げ、1のシロップに漬ける。

4 小さなオクラを塩を加えた沸騰湯でゆで、水気を拭き取って1のシロップに漬ける。

5 夕顔は皮と種とワタを取り、塩を加えた沸騰湯で竹串がすっと通るまでゆでる。水気を拭き取って1のシロップに漬ける。

6 モロヘイヤは塩を加えた沸騰湯でゆで、水気を絞って一口大の長さに切り、1のシロップに漬ける。

7 ワイルドライスはたっぷりの湯で皮がはじけるまでゆで、水気を切って1のシロップに漬ける。

Eléments Complémentaires	サブパーツ

B カボチャのムース

カボチャ　80g

シロップ（糖度ブリックス14％）　100g

板ゼラチン（冷水に浸けてふやかす）　4g

コワントロー　2g

太白ごま油　2g

生クリーム（乳脂肪分38％）　100g

7分立てのムラング・イタリエンヌ（P.267）　40g

B カボチャのムース

1 カボチャ（皮、ワタ、種を取り除いたもの）をざく切りにして蒸す。ミキサーに入れ、シロップを加えて撹拌してピュレにする。裏漉しする（150gを使用）。

2 1のカボチャのピュレ（150g）を沸かない程度に温め、ふやかした板ゼラチンを入れて溶かす。

3 粗熱を取り、コワントロー、太白ごま油、生クリームを混ぜ入れる。

4 7分立てのムラング・イタリエンヌを混ぜ入れる。

5 バットをぬらしてラップフィルムを貼り付けて、4を1.5cm深さに流し、冷やし固める。

**1 野菜のシロップ漬けと
フルーツ**

赤・黄ピーマン、チェリートマト、
オクラ、モロヘイヤ、夕顔、ワイ
ルドライスのシロップ漬けをすい
かと桃とともに盛り合わせて

2 黄ピーマンのチップ

黄ピーマンをシロップに漬け、低
温オーヴンで乾燥焼きに

3 粉糖をふった春雨の素揚げ

4 夕顔のシロップ漬け

夕顔は干瓢でおなじみの瓜。ゆで
ると半透明になり、くにっとユニ
ークな食感

5 カボチャのムース

カボチャのピュレにコワントロ
ー、太白ごま油、生クリームを混
ぜて

6 角棒状に切ったすいか

7 赤ピーマンのソース

赤ピーマンのピュレに葛でとろみ
をつけて

8 レモンクリームソース

レモン汁をたっぷり配合したバタ
ーと卵ベースのクリーム。コワン
トローが香る

9 青りんごのような香りのエクス
トラヴァージンオリーブ油

10 モロヘイヤのソルベ

モロヘイヤとシロップでジュース
をつくり、謎めいた深い緑色のソ
ルベに

11 グラニュー糖をふったモロヘイ
ヤの素揚げ

12 赤ピーマンのシロップ漬けの
小さな角切り

13 トマトのソルベ

トマトジュースにレモンをきかせ
た夏の香りのヴェジタブルソルベ

14 グリーントマトのチップ

グリーントマトをシロップに漬け
て低温オーヴンで焼いて

15 夕顔のシロップ漬け、桃、グ
リーントマトの小さな角切り

Sorbets　　　　ソルベ

C モロヘイヤのソルベ＊
モロヘイヤ　100g
シロップ（糖度ブリックス24％）　500ml

C モロヘイヤのソルベ
1 モロヘイヤは塩を加えた沸騰湯でゆで、冷水に取って色止めし、水気を絞り、細かくきざむ。
2 ミキサーに1のモロヘイヤとシロップを入れて撹拌し、濾す。
3 アイスクリームマシンにかける。

D トマトのソルベ＊
トマト　500g
レモン汁　1/2個分
塩　少量
グラニュー糖　適量

D トマトのソルベ
1 トマトはヘタを取って細かくきざみ、ミキサーに入れ、レモン汁、塩を加えてジュース状になるまで撹拌する。
2 糖度がブリックス21％になるまでグラニュー糖を混ぜ入れる。濾す。
3 アイスクリームマシンにかける。

Sauces　　　　ソース

E レモンクリームソース
粉糖　85g
バター（室温に戻す）　85g
レモン汁　40g
全卵　50g
コワントロー　2g

E レモンクリームソース
1 鍋に粉糖、バター、レモン汁、溶きほぐした全卵を入れ、混ぜながら加熱する。とろみがついてきたら火から下ろす。
2 ボウルに濾し入れて冷まし、コワントローを混ぜる。

F 赤ピーマンのソース
赤ピーマン　1個
グラニュー糖　適量
葛粉　適量
黒こしょう　少量

F 赤ピーマンのソース
1 赤ピーマンは丸のまま直火で焼き、皮を焦がしてむき取る。ヘタと種を取り、塩を加えた沸騰湯ですっかりやわらかくなるまでゆで、ざるに上げる。
2 1をミキサーにかけてピュレにし、糖度がブリックス16％になるまでグラニュー糖を混ぜる。
3 2を沸かし、水溶きした葛粉を加えてとろみをつける。濾す。
4 室温に冷まし、黒こしょうを少量挽き入れる。

Garnitures　　　　付け合わせ

G グリーントマトのチップ
グリーントマト（極薄輪切りスライス）　4枚
シロップ（糖度ブリックス23％）　適量

G グリーントマトのチップ
1 グリーントマトをできるだけ薄い輪切りにスライスし、皮をむく。熱いシロップに漬け、粗熱が取れるまでそのまま置く。冷蔵庫に入れて丸1日マリネする。
2 シルパットの上に並べ、110℃のオーヴンで20分ほど焼く。

H黄ピーマンのチップ
黄ピーマン（極薄スライス）　8片
シロップ（糖度ブリックス23％）　適量

I モロヘイヤの素揚げ
モロヘイヤの葉　4枚
揚げ油　適量
グラニュー糖　適量

H黄ピーマンのチップ

1 黄ピーマンをできるだけ薄くスライスしてシロップに漬け、冷蔵庫に入れて丸1日マリネする。
2 シルパットの上に並べ、110℃のオーヴンで20分ほど焼く。

I モロヘイヤの素揚げ

1 モロヘイヤの葉を揚げ、油をよく切り、グラニュー糖をふる。

Présentation

仕上げ

盛り付け
すいか（1.5cm×1.5cm×長さ6cmの角棒）　8本
すいか（小さな球形にくり抜く）　8個
桃（小さく切る）　8片
春雨の素揚げ（粉糖をふる）　適量
エクストラヴァージンオリーブ油　適量
［ソルベ用］
赤ピーマンのシロップ漬け（A、2mm角切り）　適量
夕顔のシロップ漬け（A、2mm角切り）　適量
桃（2mm角切り）　適量
グリーントマト（2mm角切り）　適量

盛り付け

1 カボチャのムース（B）を1.5cm×1.5cm×長さ6cmの角棒状に切る（1人前2本）。
2 夕顔のシロップ漬けを2mm厚さ、一辺6cmの正方形に切る（1人前1枚）。残りは他のシロップ漬けの野菜の大きさに揃えて形よく切る。
3 皿に1のカボチャムースの角棒とすいかの角棒を交互に4本並べる。その上に2の正方形の夕顔をのせる。
4 3の上に野菜のシロップ漬け（A）を汁気を切って形よく、彩りよく盛り合わせる。小さな球形にくり抜いたすいかと桃の小片も盛る。
5 黄ピーマンのチップ（H）と素揚げして粉糖をふった春雨を4の上にのせる。
6 レモンクリームソース（E）と赤ピーマンのソース（F）を流し、エクストラヴァージンオリーブ油を少量落とす（シロップ漬けの野菜の上にもごく少量たらす）。
7 ソルベは別盛りにする。モロヘイヤのソルベ（C）の下には、赤ピーマンのシロップ漬けの2mm角切りを敷き、モロヘイヤの素揚げ（I）を添える。トマトのソルベ（D）の下には、夕顔のシロップ漬け、桃、グリーントマトの2mm角切りを同量ずつ合わせたものを敷き、グリーントマトのチップ（G）を添える。

すいかの色合いにベルベーヌの香りを重ねて

Pasthèque et infusion de verveine —— soupe de pasthèque aux aloès et petite soupe de verveine au chips de pasthèque

すいかの甘い汁を赤いスープにして、レモン香のする香り高いベルベーヌのソルベを浮かべる。すいかの甘みが口の中でゆっくりと広がるように、ゼラチンでスープにわずかなとろみをつけて。

すいかのスープとベルベーヌのソルベ

Eléments Principaux	メインパーツ

A すいかのスープ

すいか　正味400ml分
板ゼラチン（冷水に浸けてふやかす）　2g

A すいかのスープ

1 すいかは皮をむき取り、フードプロセッサーにかけて液状にする。これを目の細かい濾し器で濾してジュース状にする。
2 1のすいかジュースの一部（ゼラチンを溶かせる程度の量）を取り、沸かない程度に温め、ふやかした板ゼラチンを入れて溶かす。残りのジュースと合わせ、冷やす。

Eléments Complémentaires	サブパーツ

B アロエのシロップ漬け

アロエ　適量
シロップ（糖度ブリックス22%）　適量

B アロエのシロップ漬け

1 アロエは皮をむき取り、5mm角に切る。塩を加えた沸騰湯でさっとゆでてえぐみを取り、氷水に取って冷やす。
2 1の水気を切ってシロップに漬け、冷蔵庫に入れて2日間マリネする。

C ヴァニラのムラング・イタリエンヌ

卵白　50g
ヴァニラビーンズ（種子のみ）　1/2本分
シロップ　グラニュー糖80g＋水30g

C ヴァニラのムラング・イタリエンヌ

1 卵白を7分立て程度に泡立て、ヴァニラビーンズを加え、熱いシロップを細く垂らして加えながら最後まで泡立てる。生クリームのような、なめらかでやわらかな泡立て上がりにする。

D ベルベーヌのソルベ *
シロップ（糖度ブリックス22％）　1L
ベルベーヌ（枝ごと）　35g

D ベルベーヌのソルベ

1 シロップを沸かしてベルベーヌを枝ごと入れ、火から下ろしてふた
　をして3分間置き、漉す。漉し取ったベルベーヌはすぐに冷水に取
　って色止めし、シロップは冷ます。
2 1のベルベーヌの葉を全体の1/3量ほど摘んでミキサーに入れ、シロ
　ップも注いで攪拌する。漉す。
3 アイスクリームマシンにかける。

E ベルベーヌのクリスタリゼ
卵白　1個分
レモン汁　4〜5滴
グラニュー糖　適量
塩　グラニュー糖と同量
ベルベーヌの枝先　適量

E ベルベーヌのクリスタリゼ

1 卵白を溶きほぐしてコシを切り、レモン汁を混ぜ入れる。
2 グラニュー糖と塩を同割で混ぜ合わせておく。（塩はすいかの甘みを
　引き立てる役割）
3 ベルベーヌの枝先の、若くてやわらかな葉が3〜4枚付いた茎を切り
　落とし、茎をつまんで1の卵白に浸し、全体にグラニュー糖・塩を
　まぶす。
4 茎を糸で結び、乾燥した場所に吊して3日間乾燥させる。

盛り付け
すいか（5mm角切り）　適量

盛り付け

1 器にすいかのスープ（A）をはり、5mm角に切ったすいかと、アロエ
　のシロップ漬け（B）を散らし入れる。
2 ベルベーヌのソルベ（D）を浮かべる。
3 ヴァニラのムラング・イタリエンス（C）も浮かべ、上にベルベーヌ
　のクリスタリゼ（E）を飾る。

1 すいかのスープ
フードプロセッサーですいかをジュースにして、少量のゼラチンでかすかなとろみを

2 アロエのシロップ漬け
ゆでたアロエの果肉をシロップ漬けに。くにっとしたテクスチャーが楽しい

3 ヴァニラのムラング・イタリエンヌ
ヴァニラビーンズを混ぜ入れたなめらかなタッチのメレンゲ

4 ベルベーヌのソルベ
ベルベーヌのレモン香をそのまま生かしてソルベに

5 ベルベーヌのクリスタリゼ
ベルベーヌの若くやわらかな葉に砂糖と塩をまぶして乾燥させて

6 ベルベーヌのスープ
ベルベーヌでシロップをアンフュゼし、ゼラチンでかすかなとろみをつけてスープに。ベルベーヌの若葉とすいかの丸抜きを入れ、すいかのソルベを浮かべて

7 すいか皮のチップ
薄くむき取ったすいかの皮をシロップ漬けにして、低温オーヴンで乾燥焼き

小さなベルベーヌのスープ

| Eléments Principaux | メインパーツ |

Fベルベーヌのスープ＊

シロップ（糖度ブリックス16％）　500ml
ベルベーヌ（枝ごと）　13g
板ゼラチン（冷水に浸けてふやかす）　2g

Fベルベーヌのスープ

1 シロップを沸かしてベルベーヌを枝ごと入れ、火から下ろしてふたをして3分間置き、濾す。
2 1にふやかした板ゼラチンを入れて溶かし、冷ます。

| Sorbets | ソルベ |

Gすいかのソルベ＊

すいか　正味1L分
水飴　30g
グラニュー糖　適量

Gすいかのソルベ

1 すいかは皮をむき取り、フードプロセッサーにかけて液状にする。これを目の細かい濾し器で濾してジュース状にする。
2 水飴をボウルに入れ、湯せんで温めて混ぜやすい状態にする。ここに1のすいかジュースの少量を加えてよく混ぜ合わせ、残りのすいかジュースと合わせる。
3 糖度がブリックス24％になるまでグラニュー糖を混ぜ入れる。
4 アイスクリームマシンにかける。

| Garnitures | 付け合わせ |

Hすいか皮のチップ

すいかの皮（ワタ付きせん切り）　16本
シロップ（糖度ブリックス26％）　適量

Hすいか皮のチップ

1 すいかの皮は、ワタを少し付けた状態でむき取り、できるだけ細いせん切りにする。
2 1が漬かる程度の量のシロップを沸かし、火から下ろして1のすいか皮を漬け、氷水に当てて冷ます。
3 2のすいか皮をシロップから取り出し、110℃のオーヴンで30分ほど焼く。

| Présentation | 仕上げ |

盛り付け

すいか（小さな球形にくり抜く）　4個
ベルベーヌの若葉　8枚

盛り付け

1 カクテルグラスにベルベーヌのスープ（F）を注ぐ。
2 丸くくり抜いたすいかを浮かべ、すいかのソルベ（G）も同じ形に整えて浮かべる。
3 ベルベーヌの若葉を入れ、グラスの縁にすいか皮のチップ（H）をかける。

グリーントマトのラヴィオリとアップルミントのスープ
Raviolis de tomates vertes, soupe de menthe pomme au miel d'acacia

グリーントマトのコンフィチュールを詰めたラヴィオリを
アップルミントの香りのコ　ゲル　ハ　ずし組み合わせてみる。
スープの下には、はちみつとココナッツのブランマンジェが隠れている。緑と白だけのナチュラルな世界。

Bases	ベース

Aグリーントマトのコンポート＊

シロップ（糖度ブリックス16%）　1L
レモン（スライス）　1個分
白ワインヴィネガー　20g
グリーントマト　500g
コリアンダー　10粒
白粒こしょう　5粒
ローリエ　1枚

A グリーントマトのコンポート

1 鍋でシロップを沸かし、レモンと白ワインヴィネガーを加える。
2 グリーントマトの皮をむき、くし形に切り、1の鍋に入れる。再沸騰したら火から下ろし、コリアンダー、白粒こしょう、ローリエを入れる。
3 容器に移し、氷水に当てて粗熱を取る。冷蔵庫に入れて最低2日間マリネする。

Eléments Principaux	メインパーツ

B グリーントマトのラヴィオリ

グリーントマトのコンフィチュール＊
グリーントマトのコンポート（A）　全量
グリーントマトのコンポートの煮汁（A）　3割
バター　50g

B グリーントマトのラヴィオリ

グリーントマトのコンフィチュール
1 コンポートにしたグリーントマトを取り出し、フードプロセッサーでピュレにする。
2 鍋に移し、コンポートの煮汁をピュレの3割量加え、バターも加えてとろ火でゆっくりと煮詰める。汁が8割方煮詰まったら火から下ろす。

組み立て
ワンタンの皮　8枚

組み立て
1 ワンタンの皮をパスタマシーンに縦横2回ほど通してできるだけ薄くのばす。
2 1の皮の上に、グリーントマトのコンフィチュールを15gのせ、折り返してとじ合わせ、好みの形に抜く。
3 沸騰湯で皮に火が通るまでゆでる。

1 グリーントマトのラヴィオリ
コリアンダー、白こしょう、ローリエがかすかに香るグリーントマトのコンフィチュールをワンタン皮で包んで

2 グリーントマトのシロップ漬け
さっとゆがいたグリーントマトをシロップ漬けに。若い碧色がさえざえと

3 牛乳のブランマンジェ
素直な牛乳味のブランマンジェでグリーントマトを引き立てて

4 アップルミントのヨーグルトスープ
アップルミントが涼やかに香るヨーグルトスープを表面に流して

5 はちみつとココナッツのブランマンジェ
スープの下にはアカシアはちみつとココナッツをきかせたブランマンジェが隠れている

C グリーントマトのシロップ漬け

小さなグリーントマト　4個

シロップ(糖度ブリックス16%)　適量

C グリーントマトのシロップ漬け

1 グリーントマトは色が褪せやすいので、供する直前に火を通すことが肝心。へたの部分を水平に切り落とし(へたも使う)、皮をむき、4〜5mm厚さの輪切りにする。

2 塩を加えた沸騰湯で1を歯ごたえが残る程度にさっとゆがく。

3 ボウルに冷やしたシロップを入れ、氷水に当て、そこに2のゆがいたグリーントマトを入れてマリネしながら急冷する(すぐに熱を取らないと色が褪せる)。

D 牛乳のブランマンジェ

牛乳　210g

グラニュー糖　40g

板ゼラチン(冷水に浸けてふやかす)　7g

生クリーム(乳脂肪分45%)　150g

D 牛乳のブランマンジェ

1 牛乳を沸かしてグラニュー糖を溶かし、火から下ろしてふやかした板ゼラチンを入れて溶かす。

2 粗熱を取り、生クリームを混ぜる。

3 バットに4〜5mm厚さに流し、冷やし固める。

E はちみつとココナッツのブランマンジェ

牛乳　210g

グラニュー糖　10g

はちみつ(アカシア)　25g

ココナッツフレーク　10g

板ゼラチン(冷水に浸けてふやかす)　7g

生クリーム(乳脂肪分45%)　150g

E はちみつとココナッツのブランマンジェ

1 牛乳を沸かしてグラニュー糖とはちみつを溶かし、ココナッツを加える。ふたをして火から下ろし、3〜4分蒸らした後、濾す。

2 ふやかした板ゼラチンを入れて溶かす。

3 粗熱を取り、生クリームを混ぜる。

4 皿に1人前70g分ほど流し、冷やし固める。

F アップルミントのヨーグルトスープ

シロップ(糖度ブリックス11%)　200ml

アップルミント(枝ごと)　20g

はちみつ(アカシア)　30g

板ゼラチン(冷水に浸けてふやかす)　1g

ヨーグルト　30ml

F アップルミントのヨーグルトスープ

1 シロップを沸かし、アップルミントを入れ、ふたをして火から下ろして4分ほど置き、濾す。

2 はちみつを加え、ふやかした板ゼラチンも入れて溶かす。

3 粗熱を取り、ヨーグルトを混ぜる。

盛り付け

1 牛乳のブランマンジェ(D)をグリーントマトのシロップ漬け(C)の輪切りの大きさに合わせて丸型で抜く。

2 はちみつとココナッツのブランマンジェ(E)を冷やし固めた皿に、1のグリーントマトのシロップ漬けと牛乳のブランマンジェを交互に積み上げる。てっぺんにはへたを飾る。

3 グリーントマトのラヴィオリ(B)を2個盛る。

4 アップルミントのヨーグルトスープ(F)をハンドブレンダーで泡立ててから皿に注ぐ。

きんかんにいろいろな野菜のシャーベットを詰めて
Kumquats farcis aux sorbets de légumes —— la saveur variée

色とりどりのソルベは紫いも、セロリ、にんじん、黄かぶなど、野菜でつくったもの。
きんかんのコンポートのカップに盛り付けて、甘ずっぱい香りとともに。

Bases	ベース

Aきんかんのコンポート＊
きんかん　大粒30個
シロップ（糖度ブリックス18%）　1.5L
レモン（スライス）　1.5個分
コリアンダー（粒）　20粒

Aきんかんのコンポート
1 きんかんはへたを取り、横半分に切って種を取る。
2 鍋でシロップを沸かし、レモンとコリアンダーを入れ、1のきんかんも入れる。再沸騰したらアクを取り、すぐに火から下ろす。10分そのまま置く。
3 容器に移し、氷水に当てて冷やす。冷蔵庫に入れて最低2日間マリネする。

Sorbets	ソルベ

Bきんかんのソルベ＊
きんかんのコンポート（A）　700g
きんかんのコンポートの煮汁（A）　800ml
ペルノー　少量
ビドフィックス（P.268）　適量（1Lに対し8g）

Bきんかんのソルベ
1 きんかんのコンポートとその煮汁をミキサーで攪拌し、濾す。
2 ペルノーを混ぜる。
3 1つまみのグラニュー糖（分量外）を混ぜたビドフィックスを混ぜ入れる。
4 アイスクリームマシンにかける。

Cセロリのソルベ＊
セロリ（葉と茎を半量ずつ）　300g
シロップ（糖度ブリックス22%）　1.5L
ヨーグルト　セロリピュレの1割
ビドフィックス（P.268）　適量（1Lに対し10g）

Cセロリのソルベ
1 セロリの葉と茎を塩を加えた沸騰湯でゆで、氷水に取って色止めし、水気を取る。
2 ミキサーに1のセロリとシロップを入れ、攪拌してピュレにし、濾す。
3 1割量のヨーグルトを混ぜ入れる。
4 1つまみのグラニュー糖（分量外）を混ぜたビドフィックスを混ぜ入れる。
5 アイスクリームマシンにかける。

D黄かぶのソルベ＊
黄かぶ　正味500g
シロップ（糖度ブリックス22%）　1L
シャルトリューズ・ジョーヌ（イエロー）　50ml

D黄かぶのソルベ
1 黄かぶは葉を落とし、縦半分に切る。塩を加えた沸騰湯ですっかりやわらかくなるまでゆでる。
2 熱いうちに皮をむき、フードプロセッサーでピュレにし、裏濾しする。
3 2のピュレにシロップを混ぜ、シャルトリューズも混ぜ入れる。
4 アイスクリームマシンにかける。

1 きんかんのソルベ
きんかんのコンポートをピュレにして、ペルノーを香らせて甘ずっぱいソルベに

2 コンポートのきんかんの果肉をくり抜いてカップに見立てて

3 果肉を取り除いたきんかんスライスに、きんかんコンポートのアッシェをのせてカップを固定

4 セロリのソルベ
ゆでたセロリをシロップとともに攪拌し、ヨーグルトを混ぜてソルベに。セロリの葉のフリットをのせて

5 黄かぶのソルベ
やわらかく煮た黄かぶをピュレにし、シャルトリューズを香らせて

6 根パセリのソルベ
根パセリのピュレに生クリームを合わせ、イタリアンパセリとクミンを混ぜ入れたソルベ。イタリアンパセリのフリットをのせて

7 紫いものソルベ
紫いものピュレにコワントローとレモン汁を混ぜて美しいすみれ色のソルベに

8 にんじんのソルベ
にんじんのナチュラルな甘みにはちみつのはなやかな甘みを重ね、コリアンダーを香らせる。にんじんのフリットをのせて

9 きんかんのジュレの角切りの上に、コンポートで使ったレモンスライスをのせて

10 セロリのソース
セロリの葉とイタリアンパセリをシロップとともに攪拌し、葛でとろみをつけて

11 キャラメル金粉ソース
金色に煮詰めたキャラメルにオレンジキュラソーと金粉を混ぜて

12 きんかんのピュレ

13 きんかんのシュクセ
ムラング・イタリエンヌにきんかんパウダーとロングペッパーを混ぜ、細く絞って乾燥焼き

14 イタリアンパセリのシュクセ
ムラング・イタリエンヌにイタリアンパセリとヴァニラビーンズを混ぜ、細く絞って乾燥焼き

15 にんじんのフリットシュガー

16 ハーブのフリットシュガー

E 根パセリのソルベ *
根パセリ　正味400g
生クリーム（乳脂肪分38%）　根パセリピュレの5%
シロップ（糖度ブリックス22%）　1L
イタリアンパセリ（みじん切り）　10g
クミンパウダー　少量
塩　少量
ビドフィックス（P.268）　6g

E 根パセリのソルベ
1 根パセリは、塩を加えた沸騰湯ですっかりやわらかくなるまでゆでる。
2 熱いうちに皮をむき、フードプロセッサーでピュレにし、裏濾しする。
3 5%量の生クリームを混ぜ、シロップも混ぜ入れる。
4 イタリアンパセリとクミンパウダーを混ぜ、塩少々で味をととのえる。
5 1つまみのグラニュー糖（分量外）を混ぜたビドフィックスを混ぜ入れる。
6 アイスクリームマシンにかける。

F 紫いものソルベ *
紫いも　正味400g
シロップ（糖度ブリックス20%）　700ml
コワントロー　25g
レモン汁　1個分

F 紫いものソルベ
1 紫いもは皮付きのまま、すっかりやわらかくなるまで蒸す。
2 皮をむいてミキサーに入れ、シロップを加えて攪拌する。裏濾しする。
3 コワントローとレモン汁を混ぜ入れる。
4 アイスクリームマシンにかける。

G にんじんのソルベ *
にんじん　正味400g
シロップ（糖度ブリックス20%）　1L
はちみつ（アカシア）　1割
レモン汁　1/2個分
コリアンダーパウダー　少量
ビドフィックス（P.268）　5g

G にんじんのソルベ
1 にんじんは皮付きのまま、すっかりやわらかくなるまで蒸す。
2 皮をむいてミキサーに入れ、シロップを加えて攪拌する。裏濾しする。
3 はちみつ、レモン汁、コリアンダーパウダーを混ぜ入れる。
4 1つまみのグラニュー糖（分量外）を混ぜたビドフィックスを混ぜ入れる。
5 アイスクリームマシンにかける。

Eléments Complémentaires

サブパーツ

H きんかんのピュレ
きんかん　正味250g
シロップ（糖度ブリックス30%）　100g

H きんかんのピュレ
1 きんかんはへたを取り、横半分に切って種を取る。
2 ミキサーに1のきんかんとシロップを入れて攪拌し、裏濾しする。

I きんかんのジュレ
きんかんのピュレ（H）　200g
板ゼラチン（冷水に浸けてふやかす）　4g
オレンジキュラソー　10ml

I きんかんのジュレ
1 きんかんのピュレの一部（ゼラチンを溶かせる程度の量）を沸かない程度に温め、ふやかした板ゼラチンを入れて溶かす。残りのピュレと合わせる。
2 オレンジキュラソーを混ぜる。
3 バットに2cm深さに流し、冷やし固める。

J セロリのソース

セロリの葉　5g
イタリアンパセリ　3g
シロップ（糖度ブリックス20%）　300g
葛粉　適量

J セロリのソース

1 セロリの葉は塩を加えた沸騰湯でゆで、氷水に取って色止めし、水気を絞る。
2 ミキサーに1のセロリ、イタリアンパセリ、シロップを入れて攪拌し、濾す。
3 2を鍋に入れて沸かし、水溶きした葛粉を加えてとろみをつける。

K キャラメル金粉ソース

グラニュー糖　100g
水　15g
オレンジキュラソー　25g
金粉　少量

K キャラメル金粉ソース

1 鍋にグラニュー糖を入れてキャラメル状になるまで煮詰め、火から下ろして水を加え、再び火にかけて溶きのばす。
2 オレンジキュラソーを混ぜ、金粉を少々混ぜる。

L きんかんのパウダー

きんかんのコンポート（A）　3個分

L きんかんのパウダー

1 きんかんのコンポートの汁気を切り、薄切りにする。
2 90℃のオーヴンで50分ほど焼き、冷めたらミルで粉砕する。

M きんかんのシュクセ

ムラング・イタリエンヌ（P.267）　60g
きんかんのパウダー（L）　5g
ロングペッパー❖（粉）　少量
❖インドネシア産の細長いこしょう。辛さよりも香りが先に立ち、香りが甘やか。（P.268）

M きんかんのシュクセ

1 ムラング・イタリエンヌにきんかんのパウダーとロングペッパーを混ぜ、一番細い口金で10cm長さに絞る（1人前3本）。
2 80℃のオーヴンで2時間ほど焼く。

N イタリアンパセリのシュクセ

ムラング・イタリエンヌ（P.267）　60g
イタリアンパセリ（ドライ粉）　3g
ヴァニラビーンズ（種子のみ）　1/3本分
塩　少量

N イタリアンパセリのシュクセ

1 ムラング・イタリエンヌにイタリアンパセリ、ヴァニラの種子、塩を混ぜ、一番細い口金で10cm長さに絞る（1人前3本）。
2 80℃のオーヴンで2時間ほど焼く。

O 野菜のフリット

にんじん（ピーラーで薄く削る）　4片
セロリの若葉　4枝
イタリアンパセリの若葉　4枝
揚げ油（なたね油）　適量
粉糖　適量

O 野菜のフリット

1 にんじん、セロリの若葉、イタリアンパセリをそれぞれ揚げる。油をよく切り、粉糖をまぶす。

P にんじんのフリットシュガー

にんじんの皮　適量
揚げ油（なたね油）　適量
グラニュー糖　適量

P にんじんのフリットシュガー

1 にんじんの皮をピーラーで薄くむき取り、揚げる。油をよく切り、冷ます。
2 1を細かく砕き、同量のグラニュー糖と混ぜる。

Qハーブのフリットシュガー

イタリアンパセリの葉　適量

セロリの葉　適量

揚げ油（なたね油）　適量

グラニュー糖　適量

盛り付け

果肉を取り除いたきんかんのスライス　24枚

きんかんのコンポートの果肉（A）　適量

きんかんのコンポートの皮（A、果肉をくり抜く）

　半切り24個

Qハーブのフリットシュガー

1 イタリアンパセリの葉とセロリの葉を同量揚げる。油をよく切り、
　冷ます。

2 1を合わせて細かく砕き、同量のグラニュー糖と混ぜる。

仕上げ

盛り付け

1 きんかんのジュレ（I）を2cm角に切り、皿の中央に盛る。上に、きん
　かんのコンポート（A）を煮るときに使ったレモンの薄切りをのせる。

2 1のまわりに、果肉を取り除いたきんかんのスライスを6枚並べる。

3 きんかんのコンポートの果肉を細かくきざんで2の上にのせる。

4 きんかんのコンポートの果肉をくり抜いて皮だけにし、3の上にのせ
　る。

5 4の皮の中に、6種類のソルベ（B〜G）を盛る。

6 にんじんのソルベ（G）の上にはにんじんのフリット（O）、根パセリ
　のソルベ（E）の上にはイタリアンパセリのフリット（O）、セロリのソ
　ルベ（C）の上にはセロリの葉のフリット（O）をのせる。

7 きんかんのシュクセ（M）とイタリアンパセリのシュクセ（N）をソル
　ベの上にのせる。

8 きんかんのピュレ（H）、セロリのソース（J）、キャラメル金粉ソース
　（K）を流す。

9 にんじんのフリットシュガー（P）とハーブのフリットシュガー（Q）を
　ところどころに添える。

3種類の柑橘の小さなグラタン──デコポン、柚子、晩白柚
Trois petits gratins d'agrumes ── Dekopon, Yuzu et Banpeiyu

デコポン、柚子、晩白柚──香り高い柑橘果汁をたっぷり使った3種類の小さなグラタン。
卵ベースのアパレイユは、ムラング・イタリエンヌを配合してしっとり軽い食感に。
表面のキャラメルが香ばしい。

Eléments Principaux	メインパーツ

Aデコポンのグラタン

デコポンの果汁　180g
デコポンの皮　適量
クレーム・ドゥーブル�֊　42g
卵黄　40g
グラニュー糖　8g
プードル・ア・クレーム　3g
板ゼラチン（冷水に浸けてふやかす）　3g
ムラング・イタリエンヌ（P.267）
　┌卵白　40g
　└シロップ　グラニュー糖42g＋水20g
�֊乳酸発酵させた生クリーム（乳脂肪分40％）。タカ
ナシ乳業製。

Aデコポンのグラタン

1 デコポンから果汁を搾り、その果汁の中に搾った皮を入れ、冷蔵庫に1日入れて漬けた後、濾す。
2 鍋に1の濾し汁とクレーム・ドゥーブルを入れて沸かし、火から下ろす。
3 ボウルに卵黄とグラニュー糖を入れて白っぽくなるまで泡立て、プードル・ア・クレームを混ぜ入れる。
4 2の半量を3に加えてよく混ぜ、それを残りの2と合わせる。鍋に濾し入れる。
5 4を火にかけ、混ぜながら沸かない程度に温める。ふやかした板ゼラチンを入れて溶かし、ボウルに移して氷水に当て、20℃くらいまで冷ます。
6 ムラング・イタリエンヌを2〜3回に分けて5に混ぜ入れる。
7 直径5cm、高さ2cmのセルクルに入れ、冷蔵庫で冷やす。
8 供する1時間ほど前に冷蔵庫から出して室温にもどしておく。

B柚子のグラタン

柚子の果汁　115g
柚子の皮　適量
シロップ（糖度ブリックス15％）　70g
クレーム・ドゥーブル�֊　42g
卵黄　40g
グラニュー糖　8g
プードル・ア・クレーム　3g
板ゼラチン（冷水に浸けてふやかす）　3g
ムラング・イタリエンヌ（P.267）
　┌シロップ　グラニュー糖42g＋水20g
　└卵白　40g

B柚子のグラタン

1 柚子の果汁を搾ってシロップと合わせ、その中に搾った皮を入れる。冷蔵庫に1日入れて漬けた後、濾す。
2 鍋に1の濾し汁とクレーム・ドゥーブルを入れて沸かし、火から下ろす。
3 ボウルに卵黄とグラニュー糖を入れて白っぽくなるまで泡立て、プードル・ア・クレームを混ぜ入れる。
4 2の半量を3に加えてよく混ぜ合わせ、これを残りの2と合わせる。鍋に濾し入れる。
5 4を火にかけ、混ぜながら沸かない程度に温める。ふやかした板ゼラチンを入れて溶かし、ボウルに移して氷水に当て、20℃くらいまで冷ます。
6 ムラング・イタリエンヌを2〜3回に分けて5に混ぜ入れる。
7 直径5cm、高さ2cmのセルクルに入れ、冷蔵庫で冷やす。
8 供する1時間ほど前に冷蔵庫から出して室温にもどしておく。

1 デコポンのグラタン
デコポン果汁を卵に混ぜ、ムラング・イタリエンヌでふっくら軽く。冷やし固めてガスバーナーで表面をグラティネ。冷蔵・冷凍できる重宝なデザート

2 グレープフルーツソース
濾したグレープフルーツジャムをシロップでのばしてソースに

3 デコポンの皮のコンフィ

4 柚子のグラタン
柚子の果汁がたっぷりのグラタン。アパレイユの配合はデコポンのグラタンと同様

5 柚子のソース
アプリコットナパージュに柚子の果汁を混ぜてソースに

6 柚子皮のコンフィ

7 晩白柚のグラタン
晩白柚（バンペイユ）はザボンの仲間で、直径20cmもの大型の柑橘類。この果汁をたっぷり使ってグラタンに

8 晩白柚のソース
濾したオレンジマーマレードに晩白柚の果汁を混ぜてソースに

9 晩白柚の皮のコンフィ

10 デコポン、柚子、晩白柚の皮のコンフィ

C晩白柚のグラタン
晩白柚の果汁　180g
クレーム・ドゥーブル　42g
卵黄　40g
グラニュー糖　8g
プードル・ア・クレーム　3g
板ゼラチン（冷水に浸けてふやかす）　3g
ムラング・イタリエンヌ（P.267）
　┌シロップ　グラニュー糖42g＋水20g
　└卵白　40g

C晩白柚のグラタン

1　晩白柚から果汁を搾る。
2　鍋に1の果汁とクレーム・ドゥーブルを入れて沸かし、火から下ろす。
3　ボウルに卵黄とグラニュー糖を入れて白っぽくなるまで泡立て、プードル・ア・クレームを混ぜ入れる。
4　2の半量を3に加えてよく混ぜ合わせ、これを残りの2と合わせる。鍋に濾し入れる。
5　4を火にかけ、混ぜながら沸かない程度に温める。ふやかした板ゼラチンを入れて溶かし、ボウルに移して氷水に当て、20℃くらいまで冷ます。
6　ムラング・イタリエンヌを2〜3回に分けて5に混ぜ入れる。
7　直径5cm、高さ2cmのセルクルに入れ、冷蔵庫で冷やす。
8　供する1時間ほど前に冷蔵庫から出して室温にもどしておく。

Sauces

ソース

D グレープフルーツソース
グレープフルーツジャム　適量
シロップ（糖度ブリックス20%）　ジャムの3割

D グレープフルーツソース

1　グレープフルーツジャムをきざみ、裏濾しし、3割量のシロップで溶きのばす。

E 柚子のソース
アプリコットナパージュ　適量
柚子の果汁　ナパージュの5%

E 柚子のソース

1　アプリコットナパージュに5%量の柚子果汁を混ぜる。

F 晩白柚のソース
オレンジマーマレード　適量
晩白柚の果汁　マーマレードの1割

F 晩白柚のソース

1　オレンジマーマレードをきざみ、裏濾しし、1割量の晩白柚果汁で溶きのばす。

Garnitures

付け合わせ

G デコポン、柚子、晩白柚の皮のコンフィ
デコポン、柚子、晩白柚の皮　各適量
シロップ（水1：グラニュー糖2.5）　適量
グラニュー糖　適量

G デコポン、柚子、晩白柚の皮のコンフィ

1　デコポン、柚子、晩白柚の皮をそれぞれ用意するが、デコポンと柚子はワタ（白い部分）を少し残しておき、晩白柚はワタをすっかり取り除く。それぞれ薄切りにする。
2　1の皮をそれぞれ3回ゆでこぼす。
3　水1に対しグラニュー糖2.5の割合で鍋に入れ、沸かしてシロップをつくる。これを3等分し、2の3種類の皮をそれぞれに入れ、透明感が出るまで煮る。
4　シロップごと真空パックにして1週間ほどマリネする。
5　皮を取り出し、網の上に並べて乾燥させ、グラニュー糖をまぶす。

盛り付け
粉糖　適量

盛り付け

1 セルクルに詰めたデコポンのグラタンのアパレイユ(A)、柚子のグ
　ラタンのアパレイユ(B)、晩白柚のグラタンのアパレイユ(C)に、そ
　れぞれ粉糖を多めにふり、ガスバーナーで焦げ目をつけ、器に盛る。
2 デコポンのグラタンにはグレープフルーツのソース(D)を流し、柚
　子のグラタンには柚子のソース(E)、晩白柚のグラタンには晩白柚の
　ソース(F)を流す。
3 それぞれの皮のコンフィ(G)を添える。

栗を秋の装いに仕立てて
Marrons: saveurs au couleur d'automne

利平栗の渋皮煮とチョコレートを組み合わせたシックな秋のデザート。
栗とチョコレート以外の素材を排し、あえて潔く、重く。
キャラメルソースの甘苦さとチョコレートソースに強くきかせたラム酒の香りが、皿全体に立体感を与える。

Bases	ベース

A 栗の渋皮煮

栗（利平）　12個
シロップ（糖度ブリックス3%、5%、8%、12%、18%、
　22%）　各約1L
重曹　1g×2

A 栗の渋皮煮

1 栗は鬼皮をむき（渋皮は付けたまま）、水から6回ゆでこぼす。
2 鍋に糖度ブリックス3%のシロップと重曹1gを入れ、1の栗を入れて火にかける。沸かないようなとろ火で5時間ほど煮たら、火から下ろしてそのまま冷めるまで置く。
3 2の栗をブリックス5%のシロップと重曹1gで、再びとろ火で5時間ほど煮て、そのまま冷めるまで置く。
4 3の栗をブリックス8%のシロップで（以降は重曹は使わない）、沸かないようなとろ火で5時間ほど煮て、そのまま冷ます。
5 4の要領で、12%、18%、22%のシロップの順番で5時間ずつ煮ては冷ます。最後の煮汁は、盛り付けるときに使うので取っておく。

Eléments Principaux	メインパーツ

B マロンケーキ

栗とくるみのビスキュイ・ジョコンド・ショコラ

アーモンドパウダー　100g
グラニュー糖　100g
全卵　2個
メレンゲ（P.267）　卵白100g＋粉糖25g
溶かしバター　15g
薄力粉　25g
ココアパウダー　15g
くるみ（みじん切り）　45g
栗の渋皮煮（A、みじん切り）　100g

B マロンケーキ

栗とくるみのビスキュイ・ジョコンド・ショコラ

1 アーモンドパウダーとグラニュー糖をよく合わせておく。
2 全卵をもったりとして白っぽくなるまで泡立て、1と混ぜ合わせる。
3 メレンゲの2/3量を2回に分けて2にさっくりと混ぜ入れる。
4 3の生地を少量取って溶かしバターと混ぜ、これを残りの3の生地に戻して混ぜる。
5 薄力粉とココアパウダーを合わせてふるい、4に加えて混ぜる。
6 みじん切りのくるみと栗の渋皮煮を混ぜ入れ、最後に残りのメレンゲを混ぜる。
7 シルパットの上に6〜7mm厚さに流し、上火220℃、下火210℃のオーヴンで7分ほど焼く。しっとりめの焼き上がりにする。

アンビバージュ

シロップ（グラニュー糖1：水2）　25g
ラム酒　10g

アンビバージュ

1 シロップとラム酒を混ぜる。

1 マロンケーキ
栗とくるみ入りビスキュイ・ショコラにラムシロップをアンビベし、ガナッシュ、マロンクリームを交互に挟んで層に。マロンバターをモンブラン風に絞って

2 パート・ド・マロンを栗形にしてチョコがけ

3 チョコレートの葉

4 チョコレートの円柱ケースの中には、栗の渋皮煮とチョコレートラムソース。チョコレートの格子をのせて

5 チョコレートラムソース
カカオ分66％のチョコレートにラム酒を強めに香らせたソース

6 キャラメルマロンソース
キャラメルに生クリーム、バター、パート・ド・マロンを混ぜたリッチなソース

7 パート・ド・マロンに栗の渋皮煮のアッシェを混ぜて栗の形に。飴がけしてつーっと垂らすとこんなふうに変身

8 チョコレートの葉とクロッキニョールの葉

9 利平栗の渋皮煮

10 ピスタチオのアッシェ

ガナッシュ

チョコレート（カカオ分60%）　200g

牛乳　130g

生クリーム（乳脂肪分38%）　30g

バター（室温に戻す）　50g

マロンクリーム

パート・ド・マロン✼　140g

バター（室温に戻す）　50g

ラム酒　13g

生クリーム（乳脂肪分38%）　50g

マロンバター

パート・ド・マロン✼　200g

バター（室温に戻す）　100g

ラム酒　50g

✼フランス産の加糖マロンペースト。

ガナッシュ

1 チョコレートは細かくきざんでボウルに入れ、湯せんで溶かす。

2 牛乳と生クリームを鍋で沸かし、1に注ぎ入れる。

3 室温に戻したバターを混ぜ入れる。

マロンクリーム

1 パート・ド・マロンとバターをクリーム状になるまでよく混ぜ合わせ、ラム酒を加える。

2 生クリームを6〜7分立てに泡立て、1に混ぜ入れる。

マロンバター

1 パート・ド・マロンとバターをクリーム状になるまでよく混ぜ合わせ、ラム酒を加える。

組み立て

1 栗とくるみのビスキュイ・ジョコンド・ショコラを10cm角の正方形に切り（4人前4枚）、アンビバージュをぬる。

2 以下の順に重ねて組み立てる。1のビスキュイ、たっぷりのマロンクリーム、ビスキュイ、たっぷりのガナッシュ、ビスキュイ、たっぷりのマロンクリーム、ビスキュイ、たっぷりのガナッシュ。

3 最後は、マロンバターをモンブラン用の口金でたっぷり絞る。

4 4等分に切る。

Sauces　ソース

C チョコレートラムソース

チョコレート（カカオ分66%）　75g

ココアパウダー　75g

シロップ　グラニュー糖300g＋水240g

ラム酒　30g

C チョコレートラムソース

1 チョコレートを細かくきざんでココアパウダーとともにボウルに入れる。

2 グラニュー糖と水を沸かしてシロップをつくり、1に注ぎ入れて溶かす。

3 室温に冷まし、ラム酒を混ぜる。

D キャラメルマロンソース

グラニュー糖　110g

水飴　30g

生クリーム（乳脂肪分38%）　150g

バター　80g

パート・ド・マロン✼　全体の1割

生クリーム（乳脂肪分45%）　全体の1割

D キャラメルマロンソース

1 グラニュー糖と水飴を鍋に入れ、茶色のキャラメル状に煮詰める。

2 火から下ろして生クリームとバターを加え、再び火にかけて溶きのばす。

3 粗熱を取り、冷蔵庫で冷やして濃度をつけ、1割量のパート・ド・マロンと生クリームを混ぜる。

E 飴がけした栗

パート・ド・マロン　適量

栗の渋皮煮（A：煮くずれたものをみじん切り）　適量

シロップ（160℃に煮詰める）　適量

E 飴がけした栗

1 パート・ド・マロンと栗の渋皮煮のみじん切りを混ぜ合わせ、栗の形に整える。

2 1のお尻に竹串を刺し、160℃まで煮詰めたシロップに逆さに浸し、そのまま引き揚げる。滴り落ちる飴が固まるまで待つ。

F チョコレートの円柱ケース、葉、格子

チョコレート　適量

F チョコレートの円柱ケース、葉、格子

1 チョコレートを細かくきざんで湯せんで溶かす。

2 円柱ケース：2cm×3.5cmのセロファンシートに1のチョコレートをぬり、セロファンを丸めて筒状に固める（P.260）。

3 葉：植物の葉に1のチョコレートをぬり、固まったら葉をはがす（P.260）。

4 格子：チョコレートを格子状に絞って固め（P.260）、2の円柱ケースにのせられる程度の大きさに切る。

G クロッキニョールの葉

パート・クロッキニョール

薄力粉　80g

グラニュー糖　100g

アーモンドパウダー　20g

卵白　180g

溶かしバター　25g

生クリーム（乳脂肪分38%）　20g

G クロッキニョールの葉

パート・クロッキニョール

1 薄力粉、グラニュー糖、アーモンドパウダーを合わせてふるう。

2 コシを切った卵白と1を合わせ、しっかりとすり混ぜる。

3 溶かしバターを混ぜ入れ、生クリームも混ぜ入れる。冷蔵庫で1〜2時間休ませる。

成形・焼成

1 シルパットの上にパート・クロッキニョールをパレットナイフですくって落とし、葉の形に整える（P.259）。

2 150℃のオーヴンで8〜10分ほど焼く。

盛り付け

栗形パート・ド・マロンのチョコがけ　4個
スプーンの背でつぶした栗の渋皮煮（A）　適量
ピスタチオ（みじん切り）　適量

盛り付け

1　皿にチョコレートソース（C）とキャラメルマロンソース（D）を交互に線状に流す。

2　1の皿の中央にマロン（D）を置く。上に栗形パート・ド・マロンのチョコがけ（パート・ド・マロンを栗形に整えてチョコレートがけし、削ったチョコレートを下部に付けたもの）を飾り、チョコレートの葉（F）も添える。

3　栗の渋皮煮の最後の煮汁（A）を適量取って沸かし、水溶きした葛粉（分量外）を加えてとろみをつける。ここに栗の渋皮煮（A）をくぐらせて皿に盛る。

4　キャラメルマロンソース（D）を流して飴がけした栗（E）をのせ、チョコレートの葉（F）とクロッキニョールの葉（G）を2枚ずつ添える。

5　チョコレートの円柱ケース（F）を置き、スプーンの背でつぶした栗の渋皮煮（煮くずれたものを使えばよい）を1/3まで詰める。その上にチョコレートラムソース（C）を注ぎ、上にチョコレートの格子（F）をのせる。

6　ピスタチオのみじん切りをところどころに散らす。

台湾バナナをいろいろに変化させて
Banane de Taïwan —— l'atelier du goût

バナナをジュレ、ムース、ロースト、チップなど様ざまな形に変化させる。
ショコラートとフランボワーズのソース、アロマ ジャプテンのミントソース、キャラメルエスプレッソソース
——3つのソースで味を変化させて。

Bases	ベース

Aバナナのコンポート

シロップ（糖度ブリックス20%）　500ml
レモン（スライス）　1個分
ヴァニラビーンズ（1回使ったもの）　2本
台湾バナナ（よく熟したもの）　5本

Aバナナのコンポート

1 鍋でシロップを沸かし、レモンとヴァニラビーンズを入れる。皮付きのバナナを1本入れ、沸かない程度の火加減（95℃程度）で5～6分煮る。
2 火から下ろし、残りのバナナを皮をむいて入れ、15分そのまま置く。
3 容器に移して氷水に当てて冷やし、冷蔵庫に入れて2日間マリネする。

Eléments Principaux	メインパーツ

Bバナナのムース

台湾バナナ　正味128g
レモン汁　12g
グラニュー糖　16g
ラム酒　10g
板ゼラチン（冷水に浸けてふやかす）　2.5g
7分立ての生クリーム（乳脂肪分42%）　100g
ムラング・イタリエンヌ（P.267）　24g

Bバナナのムース

1 バナナを細かくきざみ、レモン汁をかけ、ラップフィルムをかけて電子レンジで20～30秒加熱する。
2 1のバナナを裏濾しし、グラニュー糖を混ぜる。
3 2の一部（ゼラチンを溶かせる程度の量）を取ってラム酒を混ぜ、沸かない程度に温めて、ふやかした板ゼラチンを入れて溶かす。これを残りの2と合わせる。
4 7分立ての生クリームと3を混ぜ合わせ、さらにムラング・イタリエンヌをさっくりと混ぜる。
5 直径3.2cmのセルクルに高さ4.5cmに詰め、冷やし固める（1人前1個）。

Cバナナのジュレ

バナナのコンポートの煮汁（A）　100ml
板ゼラチン（冷水に浸けてふやかす）　1.5g
バナナのコンポート（A）　適量

Cバナナのジュレ

1 バナナのコンポートの煮汁の一部（ゼラチンを溶かせる程度の量）を取り、沸かない程度に温め、ふやかした板ゼラチンを入れて溶かす。残りの煮汁と合わせる。
2 皮付きのバナナコンポートを2.5cm厚さの輪切りにし（1人前1個）、果肉を8割方丸く抜き取り、バットに並べる。抜いた果肉は5mmの角切りにする。
3 2の角切りバナナを1のジュレ液に混ぜ、氷水に当てて混ぜながら冷やし、とろみがついてきたら、2のくり抜いたバナナの穴に入れ、冷やし固める。

1 バナナのムース
バナナピュレに生クリームとムラング・イタリエンヌを混ぜたムース

2 バナナのジュレ
バナナを皮ごとコンポートし、中心を抜いて果肉入りジュレを詰めて

3 バナナソテーのジュレ
バターソテーしたバナナをジュレで寄せて

4 フローズンバナナ
はちみつを詰めて凍らせた天然バナナソルベ

5 ローストバナナ
バナナを皮ごとロースト。コーヒーが隠し味

6 バナナのソルベ
レモン＆シナモン風味のバナナピュレにヨーグルトを混ぜてソルベに

7 キャラメルバナナとエスプレッソのソース
キャラメルソテーしたバナナとエスプレッソを攪拌し、アングレーズソースと混ぜて

8 フロマージュブランのミントソース
ミントの香りのシロップにフロマージュブランを混ぜて

9 チョコレートとフランボワーズのソース
チョコレートソースにフランボワーズのピュレとオー・ド・ヴィを混ぜて

10 バナナのチップとガレットクラーツ

D バナナソテーのジュレ

台湾バナナ　100g
バター　適量
グラニュー糖　適量
バナナのコンポートの煮汁（A）　100ml
パールアガー（P.268）　6g

D バナナソテーのジュレ

1 バナナは1cm角に切る。フライパンにバターとグラニュー糖を入れて熱し、香ばしい茶色になったらバナナを入れ、形がくずれない程度にソテーする。取り出して冷ます。

2 バナナのコンポートの煮汁を沸かす。ボウルにパールアガーを入れ、グラニュー糖を1つまみ（分量外）混ぜ、沸かした煮汁を少量ずつ注ぎ入れて溶かす。

3 1のバナナのソテーに、ソテーの2割量程度の2のパールアガー液を混ぜ入れる。

4 直径2.2cm、高さ3cmのセルクルに、3を盛り上がるくらいに入れ、上から押してバナナを押しつぶしてパンパンに詰め（パールアガー液がこぼれてもかまわない）、冷やし固める（1人前1個）。

E フローズンバナナ

台湾バナナ（皮付き2.5cm厚さの輪切り）　4個
はちみつ（アカシア）　適量

E フローズンバナナ

1 皮付きバナナの輪切りの中心を直径1cmの丸型で抜き、バットに並べる。

2 抜いた穴にはちみつを詰め、冷凍庫で凍らせる。

F ローストバナナ

台湾バナナ（皮付き1.5cm厚さの輪切り）　4個
カソナード、バター　各適量
コーヒー豆（砕く）　少量

F ローストバナナ

1 皮付きバナナの輪切りの表面にカソナードをふり、バターをのせ、砕いたコーヒー豆も少量のせて、180℃のオーヴンで13〜15分焼く。

Sorbets

ソルベ

G バナナのソルベ＊

シロップ（糖度ブリックス23％）　1L
レモン（スライス）　1個分
シナモンパウダー　少量
台湾バナナ　約5本
ヨーグルト　全体の1割
ビドフィックス（P.268）　8g

G バナナのソルベ

1 鍋でシロップを沸かし、レモンとシナモンパウダーを入れる。皮をむいて2cm大に切ったバナナも加え、再沸騰したら火から下ろし、30分そのまま室温に置く。

2 1からレモンを取り除き、ミキサーで撹拌する。濾して完全に冷ます。

3 1割量のヨーグルトを混ぜる。

4 1つまみのグラニュー糖（分量外）を混ぜたビドフィックスを混ぜ入れる。

5 アイスクリームマシンにかける。

H キャラメルバナナとエスプレッソのソース
台湾バナナ　正味100g
グラニュー糖　40g
エスプレッソ　60ml
アングレーズソース（P.242）　60ml

H キャラメルバナナとエスプレッソのソース

1 バナナは細かくきざむ。フライパンでグラニュー糖を熱し、茶色の
　キャラメル状になったら、バナナを入れてソテーする。
2 フードプロセッサーに1とエスプレッソを入れて撹拌し、濾す。
3 アングレーズソースと混ぜる。

I フロマージュブランのミントソース
シロップ（糖度ブリックス20％）　200ml
ミントの葉　20g
板ゼラチン（冷水に浸けてふやかす）　2g
フロマージュブラン（乳脂肪分40％）　40g

I フロマージュブランのミントソース

1 シロップを沸かしてミントの葉を入れ、ふたをして火から下ろし、3
　分間置く。濾す。
2 1にふやかした板ゼラチンを入れて溶かし、粗熱を取る。
3 フロマージュブランを混ぜる。

J チョコレートとフランボワーズのソース
チョコレートソース（P.240）　100ml
フランボワーズのピュレ（加糖）　30g
オー・ド・ヴィ・ド・フランボワーズ　少量

J チョコレートとフランボワーズのソース

1 チョコレートソースにフランボワーズピュレを混ぜ、オー・ド・ヴ
　ィ・ド・フランボワーズも混ぜる。

K バナナチップ
台湾バナナ　適量
粉糖　適量

K バナナチップ

1 バナナを縦長に薄くスライスし、いろいろな大きさの三日月形に抜
　く（セルクルのカーブを利用する。1人前5枚）。
2 シルパットに並べて粉糖をふり、90℃のオーヴンで1時間30分焼く。
　軽く粉糖をふる。

L ガレットクラーツ ＊
そば粉　100g
強力粉　100g
塩　少量
グラニュー糖　20g
全卵　50g
ぬるま湯　380ml
粉糖　適量

L ガレットクラーツ

1 そば粉、強力粉、塩、グラニュー糖を合わせてふるう。
2 溶きほぐした全卵を1に加え混ぜ、ぬるま湯を少量ずつ加えて混ぜ
　ていく。よく混ぜて生地のコシをだす。濾して冷蔵庫で3～4時間休
　ませる。
3 クレープを焼く要領で2の生地をフライパンに薄く流し、両面を焼
　く。
4 直径3cm前後の大小さまざまな円形、三日月形に抜く（1人前5枚）。
5 シルパットに並べ、粉糖をふり、150℃のオーヴンで15分ほど焼く（少
　し色づける）。

盛り付け

1 皿にバナナのムース（B）、バナナソテーのジュレ（D）、バナナのジュ
レ（C）、フローズンバナナ（E）、ローストバナナ（F）を盛り付ける。

2 それぞれの上に、バナナチップ（K）とガレットブルトンヌ（L）をのせた
り差したりし、ローストバナナの上には、バナナのソルベ（G）もの
せる。

3 キャラメルバナナとエスプレッソのソース（H）、フロマージュブラ
ンのミントソース（I）、チョコレートとフランボワーズのソース（J）
を流す。

マスクメロンとサラダバーネットのジュレにサツキの花のソルベを添えて

Melon vert pressé au jus de pimprenelle, œufs à la neige et
sorbet au sirop de fleurs de mai

マスクメロンをサラダバーネットのジュレで寄せる。
メロンの蜜とジュレが渾然と溶け合うみずみずしい食感。サツキの花のピンク色で華やぎを添えて。

Bases	ベース

Aサツキの花のジュース
シロップ（糖度ブリックス16%）　1L
レモン（スライス）　1個分
カンパリ　20ml
グレナデンシロップ　20ml
サツキの花びら　150g
ドライハイビスカス（P.268）　2個

Aサツキの花のジュース

1 シロップを沸かしてレモンを入れ、カンパリとグレナデンシロップ
　も入れる。カンパリのアルコール分が飛んだら火から下ろし、60℃
　に冷ます。
2 容器にサツキの花びらとドライハイビスカスを入れ、1のシロップを
　注ぎ入れる。冷めたら冷蔵庫に入れて2日間マリネした後、濾す。

Eléments Principaux	メインパーツ

Bメロンとサラダバーネットのジュレ＊
マスクメロン　1個
サラダバーネット☆　30g
イタリアンパセリ　30g
シロップ（糖度ブリックス18%）　500ml
板ゼラチン（冷水に浸けてふやかす）　20g
☆バラ科のハーブ。和名オランダワレモコウ。きゅう
りによく似た後味と軽い苦みがあり、香りはほとんど
ない。（P.159）

Bメロンとサラダバーネットのジュレ

1 ジュレを固める型は、ここではテリーヌ型（8cm×16cm×高さ
　6.5cm：約10人前）を使用。マスクメロンは16等分のくし形に切り、
　種と皮を取り除く。
2 サラダバーネットとイタリアンパセリを塩を加えた沸騰湯でゆで、
　冷水に取って色止めし、水気を絞る。
3 ミキサーに25℃程度に温めたシロップと2のハーブを入れて攪拌し、
　濾す。
4 3の一部（ゼラチンを溶かせる程度の量）を取り、沸かない程度に温め、
　ふやかした板ゼラチンを入れて溶かす。残りの3と合わせる。この
　うち約200ml分を取り分け、1のメロンを入れてマリネしておく。
5 テリーヌ型をぬらし、ラップフィルムを貼り付ける。4のジュレ液を
　100ml分ほど流し、ジュレ液でマリネしたメロンを取り出して、な
　るべく隙間ができないように適宜切って並べ入れる。再びジュレ液
　を適量流し、またメロンをできるだけ隙間ができないように詰める
　（多少の隙間はあとで重しをのせるので埋まる）。ジュレ液とメロン
　を交互に繰り返し、最後は表面が平らになるようにメロンを詰める。
6 ラップフィルムをかけ、テリーヌ型よりもひとまわり小さな長方形
　の板をのせ、約1kgの重しをのせて室温で1時間置く。
7 重しを取って、4のジュレ液を適量注ぎ足し、今度は1.5kgの重しを
　のせて室温で40分置く。
8 再びジュレ液を注ぎ足し、重しをのせずに冷蔵庫で冷やし固める。

1 サツキの花のクリスタリゼ
五月になると垣根を彩るサツキの花。グラニュー糖を付けて乾燥させて

2 メロンとサラダバーネットのジュレ
サラダバーネットのジュレでメロンを寄せる。メロンの蜜とジュレ液がうっとりと混じり合う

3 サツキの花のソルベ
サツキの花をシロップに漬けてジュースをつくり、ソルベに。ジェノワーズがクッション

4 メロンのチップ。1枚には粉糖をふって

5 サラダバーネットはきゅうりに似た後味と心地よい苦みのハーブ。メロンの濃厚な甘みに輪郭を与える

6 ウフ・ア・ラ・ネージュ
メレンゲにサツキの花とサラダバーネットのアッシェを混ぜ、スプーンでまとめて湯に落とす

7 サツキの花のジュレ
サツキの花のジュースでゆるいジュレをつくり、花を閉じ込めて

8 サツキの花のソース
サツキの花のジュースに葛でとろみをつけて

9 サラダバーネットのソース
サラダバーネットとイタリアンパセリをシロップと一緒に攪拌してソースに

C サツキの花のジュレ

サツキの花のジュース（A）　200ml
板ゼラチン（冷水に浸けてふやかす）　2g
サツキの花　4輪

C サツキの花のジュレ

1 サツキの花のジュースの一部（ゼラチンを溶かせる程度の量）を取り、
　沸かない程度に温め、ふやかした板ゼラチンを入れて溶かす。残り
　のジュースと合わせる。
2 容器にサツキの花を入れ、1を濾し入れて冷やし固める。

D ウフ・ア・ラ・ネージュ

卵白　60g
塩　0.5g
粉糖　38g
サツキの花びら　3輪分
サラダバーネットの葉　20枚
水、レモン汁、サラダ油　各適量

D ウフ・ア・ラ・ネージュ

1 ボウルに卵白と塩を入れ、泡立て器で混ぜ合わせる。粉糖を3回に
　分けて加えながら泡立てる。7分立て程度のツヤのあるメレンゲにす
　る。
2 サツキの花びらとサラダバーネットの葉は、それぞれみじん切りに
　して1のメレンゲに混ぜ入れる。
3 鍋に水を入れて火にかけ、沸騰直前にレモン汁を少量入れ、沸かな
　い程度の火加減を保つ。デザートスプーン2本にサラダ油を薄くぬ
　り、2を適量取ってラグビーボール形に整え、湯の中に落とす（1人
　前1個）。途中で返して全体にむらなく火を通し、ぬれ布巾の上に取
　り出す。

Sorbets　　　　ソルベ

E サツキの花のソルベ＊

ビドフィックス（P.268）　3g
サツキの花のジュース（A）　800ml
ヨーグルト　全体の1割

E サツキの花のソルベ

1 ビドフィックスにグラニュー糖（分量外）を1つまみ混ぜ、サツキの
　花のジュースで溶く。1割量のヨーグルトを混ぜ入れる。
2 アイスクリームマシンにかける。

Sauces　　　　ソース

F サツキの花のソース

サツキの花のジュース（A）　適量
葛粉　適量

F サツキの花のソース

1 サツキの花のジュースを鍋で沸かし、水溶きした葛粉を加えてとろ
　みをつける。濾して室温に冷ます。

G サラダバーネットのソース

サラダバーネット　15g
イタリアンパセリ　20g
シロップ（糖度ブリックス20％）　250ml
葛粉　適量

G サラダバーネットのソース

1 サラダバーネットとイタリアンパセリは、塩を加えた沸騰湯でゆで、
　冷水に取って色止めし、水気を絞る。
2 ミキサーにシロップと1のハーブを入れ、攪拌し、濾す。
3 2を鍋で沸かし、水溶きした葛粉を加えてとろみをつける。室温に冷
　ます。

H メロンのチップ
メロン（極薄スライス）　8枚
粉糖　適量

I サツキの花のクリスタリゼ
卵白　1個分
レモン汁　4〜5滴
サツキの花　4輪
グラニュー糖　適量

H メロンのチップ

1　シルパットの上にメロンのスライスを並べ、皮を切り取る。粉糖を軽くふりかけ、70〜80℃のオーヴンで3時間ほど焼く。
2　1のうち4枚には粉糖をふりかける。

I サツキの花のクリスタリゼ

1　卵白を溶きほぐしてコシを切り、レモン汁を混ぜ入れる。
2　サツキの花の茎をつまんで1の卵白に浸し、グラニュー糖をまぶす。
3　茎を糸で結び、乾燥した場所に吊して3日間乾燥させる。

盛り付け
ソルベ用ジェノワーズ（P.262）　厚さ2mm、直径2.5cmの円形4枚
サラダバーネット　適量

盛り付け

1　メロンとサラダバーネットのジュレ（B）を取り出し、1.2cm厚さに切り出す。皿に盛る。
2　1の上にソルベ用ジェノワーズを敷き、サツキの花のソルベ（E）を盛る。メロンのチップ（H）を2枚（1枚は粉糖付き）差す。
3　サツキの花のジュレ（C）をスプーンで花ごとすくって盛り、ウフ・ア・ラ・ネージュ（D）も添える。
4　サツキの花のソース（F）とサラダバーネットのソース（G）を流す。サツキの花のクリスタリゼ（I）を添え、サラダバーネットも添える。

サラダバーネット

冬のいちごをデザートに──赤のイマジネーション
Couleur de fraise en hiver

真っ赤に熟れたいちごのおいしさを皿全体で表現する。
フレッシュいちごをうすめたムースは断面の美しさを生かしてカット。
ソルベはぷつぷつした種の食感をそのまま残す。赤ワイン、ヴァニラ、スターアニスをうっすらと香らせて。

Eléments Principaux	メインパーツ

Aいちごのムース仕立て

いちごのムース
いちご　正味150g
板ゼラチン（冷水に浸けてふやかす）　4g
ストロベリーリキュール　15g
生クリーム（乳脂肪分38%）　105g

ココナッツのムース
牛乳　65g
ココナッツフレーク　10g
グラニュー糖　10g
板ゼラチン（冷水に浸けてふやかす）　2g
ホワイトラム　5g
6分立ての生クリーム（乳脂肪分38%）　37g

組み立て
いちご　適量
ジェノワーズ（P.262）
　厚さ2mm、12cm×15cmの長方形1枚

Aいちごのムース仕立て

いちごのムース
1 いちごはへたを取ってフードプロセッサーにかけてピュレにする。
2 1の一部（ゼラチンを溶かせる程度の量）を取り、沸かない程度に温め、ふやかした板ゼラチンを入れて溶かす。残りの1と合わせる。
3 ストロベリーリキュールを混ぜる。
4 生クリームを6～7分立てに泡立て、3と混ぜる。

ココナッツのムース
1 牛乳を沸かし、ココナッツを入れる。ふたをして火から下ろし、4分ほど蒸らした後、濾す。
2 グラニュー糖を混ぜ入れ、ふやかした板ゼラチンも入れて溶かす。
3 ホワイトラムを加え、粗熱を取る。
4 6分立ての生クリームを混ぜる。

組み立て
1 角型（12cm×15cm×高さ4cm）を用意し、水でぬらしてラップフィルムを貼り付ける。
2 いちごはへたの部分を水平に切り落とし、切った面を下にして型にびっしり並べる。
3 ココナッツのムースを2mmくらいの厚みに流し入れ、冷やし固める。
4 いちごが隠れるまでいちごのムースを詰め、ジェノワーズでふたをし、冷蔵庫で冷やし固める。

1 いちごのムース仕立て
いちごのムースにいちごをうずめてミントを
あしらう。表面にはココナッツのムース、底
にはジェノワーズ

2 パールアガーで固めたフィルムのように薄
いピスタチオのジュレ。自由自在に曲げられ
るので表現の幅が広がる

3 いちごのカンパリジュレ & ジュース
いちごをミント風味のシロップでコンポート
して、ジュレとジュースに展開

4 いちごの赤ワインソルベ
赤ワイン、ヨーグルト、ヴァニラ、スター
アニスが交錯するミステリアスないちごソル
べ。ジェノワーズをクッションに

5 いちごの赤ワインコンポート
赤ワインシロップにヴァニラとオレンジの皮
を加えていちごをコンポート

6 いちごのチップ
スライスいちごをシロップに漬け、低温オー
ヴンで乾燥焼き。ぱりんと割れる薄さ

7 いちごの赤ワインクリームソース
いちごの赤ワインコンポートの煮汁に葛でと
ろみをつけ、生クリームを混ぜて

8 いちごの赤ワインソース
いちごの赤ワインコンポートの煮汁に葛でと
ろみをつけて

9 赤ワイン風味のいちごソース
いちごとコンポートの煮汁を同量ずつ合わせ
てフードプロセッサーでピュレに

10 アングレーズソース

B いちごのカンパリジュレ＆ジュース

いちご　4個
シロップ（糖度ブリックス22％）　100ml
ミント　適量
カンパリ　80ml
板ゼラチン（冷水に浸けてふやかす）　2.5g
枝付き小粒いちご　4個

B いちごのカンパリジュレ＆ジュース

1 いちごを小さく切り、ボウルに入れる。
2 シロップを沸かして1に注ぎ入れ、ミントを加えて冷めるまで置く。冷蔵庫に入れて2日間マリネする。
3 2を濾して汁といちごに分ける。汁は3/4をジュレ用に、残りをジュース用に使うので分けておく。
4 ジュレ：ジュレ用の汁の一部（ゼラチンを溶かせる程度の量）を取って沸かない程度に温め、ふやかした板ゼラチンを入れて溶かす。残りのジュレ用の汁と合わせ、カンパリも加え、容器に流して冷やし固める。
5 小さなグラスにマリネしたいちごを入れ、4のジュレをスプーンでくずしてのせ、上からジュース用の汁を注ぎ、枝付きのごく小さないちごを飾る。

C いちごの赤ワインソルベ ＊

赤ワイン　550ml
グラニュー糖　適量
いちご　1kg
ヨーグルト　全体の5％
ヴァニラビーンズ（種子のみ）　1/2本分
スターアニス（八角）パウダー　少量
ストロベリーリキュール　50ml
ビドフィックス（P.268）　13g

C いちごの赤ワインソルベ

1 赤ワインを沸かしてアルコール分を飛ばし、糖度がブリックス20％になるまでグラニュー糖を混ぜる。粗熱を取る。
2 ミキサーに1とへたを取ったいちごを入れて攪拌する。
3 5％量のヨーグルトを混ぜ入れ、ヴァニラの種子とスターアニスパウダーも混ぜ入れる。ストロベリーリキュールも混ぜる。
4 1つまみのグラニュー糖（分量外）を混ぜたビドフィックスを混ぜ入れる。
5 アイスクリームマシンにかける。

D いちごの赤ワインコンポート ＊

赤ワイン　375ml
水　125ml
グラニュー糖　適量
オレンジの皮　1/4個分
ヴァニラビーンズ（1回使ったもの）　1/2本
いちご　500g

D いちごの赤ワインコンポート──ソースのベース

1 鍋で赤ワインを沸かし、アルコール分を飛ばす。水を加え、糖度がブリックス25％になるまでグラニュー糖を混ぜる。
2 オレンジの皮とヴァニラビーンズを加え、再沸騰したら火から下ろし、70℃まで冷ます。
3 真空用の袋にへたを取ったいちごと2のシロップを入れ、真空パックにする。1週間ほどマリネする。

E いちごの赤ワインソース

いちごの赤ワインコンポートの煮汁（D）　150ml
葛粉　適量

E いちごの赤ワインソース

1 いちごの赤ワインコンポートの煮汁を濾して沸かし、水溶きした葛粉を加えてとろみをつける。

F いちごの赤ワインクリームソース

いちごの赤ワインコンポートの煮汁（D）　150ml
葛粉　適量
生クリーム（乳脂肪分42%）　煮汁の1割

G 赤ワイン風味のいちごソース

いちご　正味約75g
いちごの赤ワインコンポートの煮汁（D）
　いちごと同量
葛粉　適量

F いちごの赤ワインクリームソース

1 いちごの赤ワインコンポートの煮汁を沸かし、水溶きした葛粉を加えてとろみをつける。濾す。
2 1割量の生クリームを混ぜる。

G 赤ワイン風味のいちごソース

1 いちごと赤ワインコンポートの煮汁を同量ずつフードプロセッサーに入れ、攪拌してピュレにする。
2 1を鍋に移して沸かし、水溶きした葛粉を加えてとろみをつける。濾す。

Garnitures

付け合わせ

H ピスタチオのジュレ

パールアガー（P.268）　7g
グラニュー糖　15g
沸騰湯　100ml
ピスタチオ（細かくきざむ）　約大さじ1
塩　少量

I いちごのチップ

いちご（大粒）　適量
シロップ（糖度ブリックス24%）　適量
粉糖　適量

H ピスタチオのジュレ

1 パールアガーとグラニュー糖をよく混ぜ合わせ、沸騰湯を少量ずつ混ぜ入れて溶かす。これをボウルに濾し入れる。
2 きざんだピスタチオと塩少々を混ぜ、1に混ぜ入れる。
3 バットを水でぬらしてビニールを貼り付け、2を1〜2mm厚さに流して固める。

I いちごのチップ

1 大粒ないちごを縦にできるだけ薄くスライスする。
2 シロップを30〜40℃に温め、1を漬ける。冷めたら冷蔵庫に入れて2日間マリネする。
3 いちごの汁気を切ってシルパットの上に並べ、90℃のオーヴンで45〜50分焼く。
4 粉糖をふりかける。

盛り付け

ミントの若葉　適量

いちご（小さく切る）　適量

ソルベ用ジェノワーズ（P.262）　厚さ2mm、直径
　2.5cmの円形4枚

赤ワインコンポートのいちご（D）　4個

アングレーズソース（P.242）　適量

盛り付け

1 いちごのムース仕立て（A）を型から取り出し、上下を返して置く（ジェノワーズが下になる）。いちごの断面が大きく出るように切り出し、器に盛る。いちごの中心の空洞にミントの若葉を差し込む。

2 1の上に小さく切ったいちごをいくつか並べ、ピスタチオのジュレ（H）を帯状に切ってかける。

3 ソルベ用ジェノワーズを敷き、いちごの赤ワインソルベ（C）を盛る。

4 いちごの赤ワインコンポート（D）を1個添え、いちごのチップ（I）を数枚立てかける。

5 いちごの赤ワインソース（E）といちごの赤ワインクリームソース（F）を流し、アングレーズソースと赤ワイン風味のいちごソース（G）も流す。

6 グラスに入れたいちごのカンパリジュレ＆ジュース（B）を添える。

白と赤の桃のジュレ　ごまのクルスティヤンとともに

Gelées de pêches blanches et rouges, leur sorbet et crème glacée et croustillant aux sésames

蜜をたっぷりほとびた桃をナチュフル、赤の2色にコンポ　1。
ジュレに寄せたり、アイスクリーム、ソルベ、ムース、ソースに展開したり、どれを食べても桃がやさしく香る。

Bases	ベース

A白と赤の桃のコンポート＊

桃（少々かたい若いもの）　8個
シロップ（糖度ブリックス22％）　2L
レモン（スライス）　1個分
ヴァニラビーンズ（1回使ったもの）　1本
ドライハイビスカス（P.268）　10個

A白と赤の桃のコンポート

1 桃は少しかたいくらいの、やや若めを使う。湯むきする（沸騰湯にくぐらせて氷水に取り、皮をむく）。縦半分に切り、種を取る。
2 鍋でシロップを沸かし、レモンとヴァニラビーンズを入れ、桃も入れる。再沸騰したらアクを取り、竹串がスッと通るくらいやわらかくなったら（かたくても、やわらかすぎてもだめ）、火から下ろす。そのまま5分置いた後、2つの容器に同量ずつ分け入れ、片方にはドライハイビスカスを入れて赤色に着色する。両方とも氷水に当てて冷やし、冷蔵庫に入れて最低2日間マリネする。
❖以下、ハイビスカスの入っていない方を「白い桃のコンポート」、ハイビスカスで着色した方を「赤い桃のコンポート」と呼び分ける。

Eléments Principaux	メインパーツ

B桃のジュレ

桃のジュレ液

白い桃のコンポートの煮汁（A）　水で薄めて200ml
板ゼラチン（冷水に浸けてふやかす）　4.5g
ピーチリキュール　5g

B桃のジュレ

桃のジュレ液

1 白い桃のコンポートの煮汁を適量取り、糖度がブリックス16％になるまで水で薄める。合計200mlほどあれば4人前つくれる。
2 1の一部（ゼラチンを溶かせる程度の量）を取り、沸かない程度に温め、ふやかした板ゼラチンを入れて溶かす。残りの1と合わせ、固まらないように室温に置く。

組み立て

白い桃のコンポート（A）　適量
赤い桃のコンポート（A）　適量
桃（極薄くし形スライス）　適量

組み立て

1 白と赤の桃のコンポートをそれぞれ汁気を拭き取って8mm角に切る。これを合わせて桃のジュレ液に入れ、固まらないように室温に置く。
2 直径5cm、高さ3.5cmのセルクルを用意する（1人前1個）。バットにラップフィルムを敷いてセルクルをのせる。桃の極薄いくし形切りをずらしながら何枚か重ね、セルクルの下半分の内側にぐるりと貼り付ける。
3 2のセルクルの中に1を入れ、冷やし固める。

1 桃のジュレ
白赤2色の桃コンポートをジュレで寄せて。ボトムには桃スライス

2 桃の白いアイスクリーム
コンポートの桃のピュレをたっぷり配合したフェミニンなアイスクリーム

3 白・黒ごまのテュイル
ココア風味の生地に香ばしいごまでアクセント

4 ごまのクルスティヤンのケース
ごまで変化をつけたヴァニラ風味の硬質な生地。付け合わせ用ケースは薄さがポイント

5 ピーチリキュール風味の生クリームの下には桃のムースとコンフィテュールが詰まっている

6 白ごまのシガレット
白ごまを混ぜたオレンジ風味のシガレット。きらきらした金箔で遊び心を

7 桃の赤いソルベ
赤い桃のコンポートのピュレにピーチリキュールを香らせて

8 桃のみじん切り

9 桃のクリームソース
桃のコンポートの煮汁に生クリームを混ぜたキュートなソース

10 ヨーグルトソース
ヨーグルトに粉糖を混ぜたライトなソース

11 キャラメルクリームソース
金色に煮詰めたキャラメルに生クリームを混ぜ、ターメリックでほんのり黄色に

C ごまのクルスティヤンのケース

グラニュー糖　100g
水飴　35g
バター　65g
ペクチン　1.5g
ヴァニラビーンズ　1/4本
強力粉　15g
黒ごま(軽く煎る)　適量

C ごまのクルスティヤンのケース

1　鍋にグラニュー糖、水飴、バター、ペクチン、ヴァニラビーンズ(縦に裂いて中の種子をこそげ出し、さやごと加える)を入れて火にかける。106℃になったら火から下ろし、ヴァニラのさやは取り出し、強力粉を加えてよく混ぜる。

2　1の生地をシルパットの上に、5mm厚さにぬり広げ、切れるくらいに固まるまで冷やす。

3　固まった生地を2cm×10cmの長方形に切り(1人前1枚)、シルパットからはがし取って別のシルパットの上にのせ、170℃のオーヴンで8分ほど焼く(焼き色が付く程度)。

4　3が熱いうちに煎り黒ごまをふりかけ、上からめん棒をころがしてごまを生地になじませつつ薄くのばし、4.5cm×11cmの長方形にする。これを直径約3cmのめん棒に巻き付けて高さ4.5cmの筒状に整え、そのまま固定して冷ます。固まったらめん棒を抜く。

D 桃のムース

赤い桃のコンポートの煮汁(A)　100g
板ゼラチン(冷水に浸けてふやかす)　1.5g
ピーチリキュール　10cc
レモン汁　3g
8分立ての生クリーム(乳脂肪分45%)　70g

D 桃のムース

1　赤い桃のコンポートの煮汁の一部(ゼラチンを溶かせる程度の量)を沸かない程度に温め、ふやかした板ゼラチンを入れて溶かす。残りのコンポートの煮汁と合わせる。

2　ピーチリキュールとレモン汁を混ぜ入れる。

3　8分立ての生クリームと2を混ぜ合わせ、冷やす。

E 桃のコンフィテュール

赤い桃のコンポート(A)　適量
グラニュー糖　コンポートの2割
レモン汁　少量

E 桃のコンフィテュール

1　赤い桃のコンポート(煮くずれた欠片を使えばよい)を鍋に入れ、2割量のグラニュー糖を加えて火にかける。ゆっくりと煮詰めて、とろみがついてきたら味を見て、レモン汁を適宜加える。どろっとするまで煮詰める。(1人前約小さじ1使用)

F ピーチリキュールのクリーム

生クリーム(乳脂肪分45%)　100g
グラニュー糖　6g
ピーチリキュール　5g

F ピーチリキュールのクリーム

1　生クリームにグラニュー糖を加えて泡立て、ピーチリキュールを混ぜる。

G 桃の白いアイスクリーム＊
白い桃のコンポート（A）　600g
白い桃のコンポートの煮汁（A）　600g
卵黄　12個
グラニュー糖　10g
ピーチリキュール　60g
レモン汁　1個分
ビドフィックス（P.268）　10g
生クリーム（乳脂肪分38％）　300g

G 桃の白いアイスクリーム

1 白い桃のコンポートとその煮汁をミキサーで攪拌してピュレにする。
2 卵黄とグラニュー糖をボウルに入れ、もったりとして白っぽくなるまで泡立てる。これを鍋に移し、中火にかけて木ベラで混ぜながら加熱する。とろみがついたら火から下ろし、ボウルに濾し入れて冷やす。
3 1の桃のピュレを2に混ぜ、ピーチリキュールとレモン汁も加える。
4 1つまみのグラニュー糖（分量外）を混ぜたビドフィックスを混ぜ入れる。
5 生クリームを4に混ぜ入れる。
6 アイスクリームマシンにかける。
❖容量が1L以下の小型アイスクリームマシンでつくる場合は、生クリームを混ぜる前の4をアイスクリームマシンにかけ、とろみがついてきたら6分立ての生クリームを加えて最後まで仕上げるとよい。

H 桃の赤いソルベ＊
赤い桃のコンポート（A）　250g
赤い桃のコンポートの煮汁（A）　250g
水　400ml
グラニュー糖　55g
ビドフィックス（P.268）　5g
トレモリーヌ（P.268）　50g
ピーチリキュール　25ml

H 桃の赤いソルベ

1 赤い桃のコンポートとその煮汁をミキサーで攪拌してピュレにする。水を加える。
2 グラニュー糖とビドフィックスを混ぜ合わせて1に加え、トレモリーヌとピーチリキュールも混ぜ入れる。
3 アイスクリームマシンにかける。

Sauces   ソース

I 桃のクリームソース
赤い桃のコンポートの煮汁（A）　適量
グラニュー糖　適量
葛粉　適量
生クリーム（乳脂肪分38％）　コンポート煮汁の3割

I 桃のクリームソース

1 赤い桃のコンポートの煮汁を沸かし、糖度がブリックス24％になるまでグラニュー糖を加え、水溶きした葛粉を加えてとろみをつける。
2 濾して冷まし、生クリームを混ぜる。

J ヨーグルトソース
ヨーグルト　100g
粉糖　7g

J ヨーグルトソース

1 ヨーグルトはもし水分が多ければ、シノワに入れて30分ほど置いて水気を切る。
2 1のヨーグルトに粉糖を混ぜる。

K キャラメルクリームソース
グラニュー糖　50g
生クリーム（乳脂肪分38％）　35g
ターメリックパウダー　少量

K キャラメルクリームソース

1 鍋にグラニュー糖を入れ、160℃になるまで加熱する。
2 火から下ろして生クリームを加え、再び火にかけて溶きのばす。
3 ターメリックパウダーをほんの少量入れて黄色に着色する。

L 白ごまのシガレット

グラニュー糖　100g

薄力粉　25g

オレンジ果汁　51g

溶かしバター　37g

白ごま（軽く煎る）　適量

金箔　適量

L 白ごまのシガレット

1　グラニュー糖と薄力粉をよく合わせておく。オレンジ果汁を加えてしっかりと混ぜ合わせてグルテンを出す。

2　溶かしバターを混ぜ入れ、白ごまも混ぜる。この生地を冷蔵庫で3〜4時間休ませる。

3　生地をスプーンですくってシルパットの上に落とし、スプーンの背で軽くのばして長径5cmの細長い楕円形にする。

4　180℃のオーヴンで7分ほど焼く。

5　熱いうちに丸箸に巻きつけてシガレット状に巻く。冷えて固まったら箸を抜き、金箔を付ける。

M白・黒ごまのテュイル

グラニュー糖　100g

薄力粉　12g

ココアパウダー　4g

水　40g

溶かしバター　60g

白・黒ごま（軽く煎る）　各適量

M 白・黒ごまのテュイル

1　グラニュー糖、薄力粉、ココアパウダーをよく合わせておく。水を加えてしっかりと混ぜ合わせてグルテンを出す。

2　溶かしバターを混ぜ入れ、冷蔵庫で3〜4時間休ませる。

3　生地をスプーンですくってシルパットの上に落とし、スプーンの背で軽くのばして直径4cmほどの円形にする。

4　180℃のオーヴンで5分ほど焼き、いったん取り出して白・黒ごまをふり、さらに3分ほど焼く。

盛り付け

アイスクリーム用ジェノワーズ（P.262）　厚さ2mm、

　直径2.5cmの円形4枚

クルスティヤン用ジェノワーズ（P.262）　厚さ2mm、

　直径3cmの円形4枚

桃（みじん切り）　適量

盛り付け

1　皿のところどころに桃のクリームソース（I）とヨーグルトソース（J）を短い線状に流し、皿全体にキャラメルクリームソース（K）を細く流す。

2　桃のジュレ（B）を型から抜いて皿の左側に置く。上にアイスクリーム用のジェノワーズを敷き、桃の白いアイスクリーム（G）を盛る。その上に白・黒ごまのテュイル（M）を添える。

3　ごまのクルスティヤンのケース（C）を皿の右側に置く。底にクルスティヤン用のジェノワーズを敷き、桃のムース（D）を2/3の高さまで絞る。中央に桃のコンフィテュール（E）を小さじ1ほど落とし、その上にピーチリキュールのクリーム（F）を盛り上がるくらいに絞る。白ごまのシガレット（L）を差す。

4　桃のみじん切りをスプーンにのせて皿に添え、その上に桃の赤いソルベ（H）を盛る。

171

パイナップルのコンポートにパイナップルセージの花を添えて

Compote d'ananas et son sorbet aromatisé à la chartreuse jaune

パイナップルをコンポートして、ムース、ソルベ、ジュレ、
ソース、チップに展開したパイナップル・づくしのデザート。
パイナップルセージの花と葉をアクセントに、エレガントにドレッセして。

Bases & Eléments Principaux — ベース＆メインパーツ

A パイナップルのコンポート

パイナップル　1個
シロップ（糖度ブリックス23％）　1L
レモン（スライス）　1個分
ヴァニラビーンズ（1回使ったもの）　2本
くちなしの実　1/2個

A パイナップルのコンポート

1 パイナップルは皮をむき、4等分の輪切りにする。
2 鍋でシロップを沸かし、レモン、ヴァニラビーンズ、くちなしの実を入れ、1のパイナップルも入れて10〜15分ほど煮る。
3 容器に移し、氷水に当てて冷やし、冷蔵庫に入れて最低2日間マリネする。

Eléments Complémentaires — サブパーツ

B パイナップルのムース

パイナップルのコンポートの煮汁（A）　95g
板ゼラチン（冷水に浸けてふやかす）　2g
クレーム・パティシエール（P.250）　43g
生クリーム（乳脂肪分38％）　68g
グラニュー糖　4g

B パイナップルのムース

1 パイナップルのコンポートの煮汁の一部（ゼラチンを溶かせる程度の量）を取り、沸かない程度に温め、ふやかした板ゼラチンを入れて溶かす。残りのコンポートの煮汁と合わせる。
2 クレーム・パティシエールと1を混ぜ合わせる。
3 生クリームにグラニュー糖を加えて7〜8分立てに泡立て、2と混ぜ合わせる。
4 直径4cmのセルクルに2.5cm深さに流し、冷やし固める（1人前1個）。

Sorbets — ソルベ

C パイナップルのソルベ ＊

パイナップル　正味1kg
シロップ（糖度ブリックス26％）　1L
レモン汁　1個分
シャルトリューズ・ジョーヌ（イエロー）　40ml
ビドフィックス（P.268）　18g

C パイナップルのソルベ

1 パイナップルとシロップをミキサーで攪拌してピュレにする。目の細かい濾し器で濾す。
2 レモン汁とシャルトリューズ・ジョーヌを1に混ぜ入れる。
3 1つまみのグラニュー糖（分量外）を混ぜたビドフィックスを混ぜる。
4 アイスクリームマシンにかける。

1 ドーナッツ形にカットしたパイ
ナップル

2 パイナップルのムース
パイナップルコンポートの煮汁に
クレーム・パティシエールと生ク
リームを混ぜて

3 クレーム・シャンティイ

4 パイナップルセージの花と葉を
焼き込んだパイナップルチップ

5 パイナップルコンポートのスラ
イスにケシの実をふったチップ

6 パイナップルのソルベ
フレッシュパイナップルをたっぷ
り配合。シャルトリューズがほの
かに香る。ジェノワーズをクッシ
ョンに

**7 パイナップルジュースの
ソース**
パイナップルコンポートの煮汁に
パイナップルセージの花を加えて

8 パイナップルピュレのソース
パイナップルコンポートのピュレ
にシャルトリューズでエレガント
な香りを

9 角切りパイナップルコンポート
の上に、コワントロー風味のクレ
ーム・パティシエールを絞り、パ
イナップルスライスのシロップ漬
けをのせ、パイナップルセージの
葉を添えて

10 角切りパイナップルコンポー
トの上に、軽いクレーム・パティ
シエールを絞り、パイナップルセ
ージの花、パイナップルスライス
のシロップ漬けを重ねて

11 ムラング・スイス
直火で加熱しながら泡立てる安定
性の高いメレンゲ。コルネで絞っ
てデコレーション

D パイナップルジュースのソース
パイナップルのコンポートの煮汁（A）　適量
葛粉　適量
パイナップルセージの花　適量

D パイナップルジュースのソース
1 パイナップルのコンポートの煮汁を沸かし、水溶きした葛粉を加えてとろみをつける。
2 ボウルにパイナップルセージの花をふわり、1を漉し入れ、常温に冷ます。

E パイナップルピュレのソース
パイナップルのコンポート（A）　適量
パイナップルのコンポートの煮汁（A）　コンポートと
　同量
葛粉　適量
シャルトリューズ・ジョーヌ（イエロー）　少量

E パイナップルピュレのソース
1 パイナップルのコンポートとその煮汁を同量ずつミキサーに入れて撹拌し、ピュレにする。
2 1を鍋に移して沸かし、水溶きした葛粉を加えてとろみをつける。
3 冷ましてからシャルトリューズ・ジョーヌを混ぜる。

F パイナップルのチップ
パイナップルのコンポート（A、極薄輪切り）　16枚
ケシの実　適量
パイナップルセージの若葉　4枚
パイナップルセージの花　12輪
粉糖　適量

F パイナップルのチップ
1 パイナップルのコンポートをできるだけ薄い輪切りにし、直径8cmの丸型で抜く。うち12枚は半分に切って24枚の細い月形にする。
2 1をシルパットに並べ、月形の方にはケシの実を散らし、円形の方にはパイナップルセージの若いやわらかな葉と花をいくつかのせ、粉糖をふる。
3 90℃のオーヴンで1時間ほど焼く。

G パイナップルのシロップ漬け
パイナップル（極薄輪切り）　8枚
シロップ（糖度ブリックス22%）　適量

G パイナップルのシロップ漬け
1 パイナップルをできるだけ薄くスライスし、直径5cmの丸型で抜く。
2 1のパイナップルをシロップに2日間漬けておく。

H コワントロー風味のクレーム・パティシエール
クレーム・パティシエール（P.250）　40g
コワントロー　少量

H コワントロー風味のクレーム・パティシエール
1 クレーム・パティシエールに少量のコワントローを混ぜる。

I 軽いクレーム・パティシエール
クレーム・パティシエール（P.250）　32g
クレーム・シャンティイ（P.267、乳脂肪分38%、
　9%加糖）　8g

I 軽いクレーム・パティシエール
1 クレーム・パティシエールに、9%加糖したクレーム・シャンティイを混ぜる。

盛り付け

ムラング・スイス（P.267）　卵白50g＋粉糖100g

パイナップル　直径6cm、高さ1.8cmの円柱形4個

クレーム・シャンティイ（P.267、乳脂肪分45％、
　6％加糖）　100g

パイナップルのコンポート（A、2cm角切り）　8個

パイナップルセージの花と葉　適量

ソルベ用ジェノワーズ（P.262、厚さ2mm、直径
　2.5cmの円形）　4枚

盛り付け

1　ムラング・スイスをコルネに詰め、皿一面に格子模様に絞る。

2　直径6cm、高さ1.8cmの円柱形パイナップルの中心を、直径4cmの
　丸型で抜いてドーナツ形にする。さらに外側に放射状に等間隔の切
　れ込みを6箇所入れる。これを1の皿の中央に盛る。

3　2のパイナップルのまん中の空洞に、パイナップルのムース（B）をは
　め込む。ムースの上にはクレーム・シャンティイをたっぷり絞り、
　円形パイナップルチップ（F）のせる。

4　パイナップルに放射状に入れた切れ込みに、月形パイナップルチッ
　プ（F）を差す。

5　2cm角切りのパイナップルのコンポートを皿に2個盛り、片方には
　コワントロー風味のクレーム・パティシエール（H）を絞り、その上
　にパイナップルのシロップ漬け（G）をかぶせ、パイナップルセージ
　の葉をのせる。もう片方には軽いクレーム・パティシエール（I）を絞
　り、パイナップルセージの花をのせ、パイナップルのシロップ漬け
　（G）をかぶせる。

6　ソルベ用ジェノワーズを敷き、パイナップルのソルベ（C）を盛る。

7　パイナップルジュースのソース（D）とパイナップルピュレのソース
　（E）を流す。

パイナップルセージの花

ほおずきのデザート　フィリピンマンゴーのソルベとともに
Variation de physalis, sorbet à la mangue des Philippines

蜜たっぷりの完熟ほおずきはトロピカルフルーツのような香り高さ。
これをムースに仕立て、色、風味ともに相性のよいマンゴーのソルベを添え、大根の花の紫でエレガントに。

Eléments Principaux　　　　　　メインパーツ

Aほおずきのムース
ほおずき　正味100g
シロップ（水1：グラニュー糖2）　50g
板ゼラチン（冷水に浸けてふやかす）　3.5g
オレンジキュラソー　4g
生クリーム（乳脂肪分42%）　25g
飾り用ほおずき（スライス）　適量
ナパージュ　適量

Aほおずきのムース
1　ほおずきをミキサーにかけてピュレにし、濾す。濾し取った種の1/3をピュレに戻して混ぜる（プチプチした歯ざわりを残すため）。
2　シロップを沸かない程度に温め、ふやかした板ゼラチンを入れて溶かし、1のピュレ、オレンジキュラソーを混ぜる。室温に冷ます。
3　生クリームを7分立てに泡立て、2と混ぜる。
4　バットや角型に3を1.2cm深さに流し、冷やし固める。
5　表面に、ほおずきのスライスを隙間なく並べる。
6　1人前6cm角に切り出し、ナパージュをぬる。

Eléments Complémentaires　　　　　　サブパーツ

Bほおずきとマンゴーのコンフィチュール
ほおずき　正味200g
フィリピンマンゴー　正味150g
グラニュー糖　100g
あんずジャム　100g

Bほおずきとマンゴーのコンフィチュール
1　ほおずきは4等分に切り、マンゴーは細かくきざむ。
2　鍋に全材料を入れ、弱火でジャム状になるまでゆっくりと煮詰める。

C大根の花のジュレ＊
大根の花びら　約40枚
シロップ（糖度ブリックス20%）　300ml
板ゼラチン（冷水に浸けてふやかす）　2g

C大根の花のジュレ
1　大根の花びらをシロップに2日間漬ける。
2　濾して花びらとシロップに分ける。シロップの一部（ゼラチンを溶かせる程度の量）を沸かない程度に温め、ふやかした板ゼラチンを入れて溶かし、残りのシロップと合わせる。
3　氷水に当てて冷やし、ジュレが固まりかけてきたら、花びらを入れて全体を混ぜ、バットに移して冷やし固める。

1 ほおずきのムース
ほおずきのピュレに生クリームを
混ぜたムース。種がぷちぷちした
食感。トップにほおずきスライス
をきれいに並べて

2 磨硝子のようなシュクル・ティ
レ。下に盛ったほおずきとマンゴ
ーのコンフィチュール、大根の花
のクリスタリゼがぼんやり透ける

3 大根の花

4 ほおずきのコンポート

5 ほおずきチップ
ほおずきのスライスをシロップに
漬け、粉糖をふって低温オーヴン
で乾燥焼き

6 フィリピンマンゴーのソルベ
香り高いフィリピンマンゴーをた
っぷり配合。かすかにココナッツ
が香り、口当たりはなめらか。ジ
ェノワーズをクッションに

7 大根の花のジュレ
大根の花びらをシロップに漬けて
ジュレに。きらきらした質感と紫
色が相俟ってエレガント

8 ほおずきのソース
ほおずきをミキサーでピュレにし
て、葛でとろみをつけて

9 オレンジのアングレーズ
ソース
アングレーズソースに煮詰めたオ
レンジ果汁とすりおろしたオレン
ジの皮を混ぜて

Sorbets　　　　　　　　　　　ソルベ

Dフィリピンマンゴーのソルベ＊

水　2L
水飴　100g
トレモリーヌ（P.268）　100g
グラニュー糖　適量
ココナッツフレーク　50g
フィリピンマンゴー　正味1.4kg
レモン汁　40ml
ビドフィックス（P.268）　30g

Dフィリピンマンゴーのソルベ

1 水、水飴、トレモリーヌを鍋に入れて沸かし、糖度がブリックス25％になるまでグラニュー糖を加える。
2 ココナッツを加え、ふんわりと火が入ってから下ろして6〜8分煮らし、漉す。
3 マンゴーを粗くきざんで容器に入れ、2を注ぎ入れる。レモン汁も加え、氷水に当てて冷やす。
4 ミキサーにかけてピュレにし、漉す。味をみて、マンゴーの酸味が強ければグラニュー糖を足す。
5 1つまみのグラニュー糖（分量外）を混ぜたビドフィックスを加え、混ぜる。
6 アイスクリームマシンにかける。

Sauces　　　　　　　　　　　ソース

Eオレンジのアングレーズソース

オレンジ果汁　100ml
アングレーズソース（P.242）　200ml
オレンジの皮（すりおろす）　少量

Eオレンジのアングレーズソース

1 オレンジ果汁を1/5量に煮詰め、粗熱を取る。
2 アングレーズソースに1とオレンジの皮を混ぜる。

Fほおずきのソース

ほおずき（ミキサーでピュレにする）　200g
グラニュー糖　50g
葛粉　適量

Fほおずきのソース

1 ほおずきをミキサーにかけてピュレにする。
2 1のピュレとグラニュー糖を鍋に入れて火にかけ、沸いたら水溶きした葛粉を加えてとろみをつける。漉して室温に冷ます。

Garnitures　　　　　　　　　　付け合わせ

Gほおずきのコンポート＊

シロップ（糖度ブリックス20％）　500ml
サフラン　少量
レモン（スライス）　1/2個分
ほおずき（殻ごと）　10個

Gほおずきのコンポート

1 鍋にシロップ、サフラン、レモンを入れて火にかける。沸いたら火から下ろす。
2 1のシロップが90℃くらいに冷めたら、ほおずきを殻ごと漬け、そのまま粗熱が取れるまで置く。
3 容器に移し、冷蔵庫に2日間入れてマリネする。

Hほおずきチップ

ほおずき（極薄スライス）　12枚
シロップ（糖度ブリックス22％）　適量
粉糖　適量

Hほおずきチップ

1 ほおずきをできるだけ薄くスライスし、シロップに2日間漬ける。
2 ほおずきの汁気を切ってシルパットに並べ、粉糖をふり、100℃のオーヴンで30〜35分焼く。

I 大根の花のクリスタリゼ
卵白　1個分
レモン汁　4〜5滴
大根の花　12輪
グラニュー糖　適量

J シュクル・ティレ＊
パラチノース（P.268）　500g
水　200g

I 大根の花のクリスタリゼ
1 卵白を溶きほぐしてコシを切り、レモン汁を混ぜ入れる。
2 大根の花の茎をつまんで1の卵白に浸し、グラニュー糖をまぶす。
3 茎を糸で結び、乾燥した場所に吊して3日間乾燥させる。

J シュクル・ティレ（作り方 P.261）
1 鍋にパラチノースと水を入れ、170〜175℃になるまで煮詰めて飴にする（色づけないように加熱する）。
2 1の飴をシルパットの上にあけ、触れられる程度の熱さに冷めたら、引きのばして半分に折りたたむ操作を何度もくり返す。全体に白濁してきたら、細い棒状にころがして半分に切って貼り付けてのばし、また半分に切って貼り付けてのばすことを2〜3回くり返して薄くしていく。最後は幅6cmほどの薄い帯状にのばす。
3 直火で熱したパレットナイフで6cm角の正方形に切る。

Présentation

仕上げ

盛り付け
大根の花　4輪
ソルベ用ジェノワーズ（P.262）　厚さ2mm、直径2cmの円形4枚

盛り付け
1 ほおずきのムース（A）を皿に盛る。上の中央にほおずきとマンゴーのコンフィチュール（B）をティースプーン1杯ほど置き、それを囲むように大根の花のクリスタリゼ（I）を3輪置き、シュクル・ティレ（J）をのせる。一番上に大根の花を添える。
2 大根の花のジュレ（C）をスプーンでくずして盛る。
3 ソルベ用ジェノワーズを敷き、上にフィリピンマンゴーのソルベ（D）をのせ、ほおずきチップ（H）を3枚差す。
4 ほおずきのコンポート（G）を添える。
5 オレンジのアングレーズソース（E）とほおずきのソース（F）を流す。

ほおずき

温製と冷製のチョコレートにコシヒカリ・オ・レを添えて

Moelleux au chocolat et riz au lait

なめらかな口溶けのチョコレートムースは、コニャックをきかせたドライな大人の味。
アーモンド生地のケースからは、温かいチョコレートがしゅっと流れ出す。
チョコレートラヴァーのための濃厚な一品。

Eléments Principaux	メインパーツ

Aケースに詰めたフォンダンショコラ

ケース

アーモンドパウダー　75g
粉糖　17g
メレンゲ　卵白50g＋粉糖33g
溶かしバター　17g
ヴァニラビーンズ（種子のみ）　1/4本分

Aケースに詰めたフォンダンショコラ

ケース

1 アーモンドパウダーと粉糖を合わせてふるい、ボウルに入れる。ここにメレンゲを加えて混ぜる。
2 溶かしバターにヴァニラの種子を混ぜ、これを1に混ぜ入れる。
3 2の生地をシルパットに1mm厚さ、4cm×16cmの長方形に流す（1人前1枚：残りの生地は付け合わせ用の黒こしょう風味の薄いビスケット〈F〉に使う）。150℃のオーヴンで10分ほど焼く。
4 生地が熱いうちに、直径5cm弱のめん棒に巻き付けて筒状に丸めて固定する。
5 直径5cmのセルクルを用意し、側面にベーキングシートを敷き、中に4の筒状ケースを入れる。

ガナッシュ

チョコレート（カカオ分66%）　60g
生クリーム（乳脂肪分42%）　100g
バター（室温に戻す）　25g
湯　30ml

ガナッシュ

1 チョコレートは細かくきざんでボウルに入れ、湯せんにして溶かす。
2 生クリーム、バター、湯を順番に加えては混ぜる。
3 バットに2cm深さに流し、冷やし固める。
4 直径3cmのセルクルで抜く（1人前1個）。

フォンダンショコラ

チョコレート（カカオ分55%）　110g
バター（室温に戻す）　50g
卵黄　2個
メレンゲ（P.267）　卵白70g＋グラニュー糖90g
アーモンドパウダー　40g
栗の粉（P.268）　40g

フォンダンショコラ

1 チョコレートは細かくきざんでボウルに入れ、湯せんにして溶かす。
2 バターを加え混ぜ、溶きほぐした卵黄も混ぜ入れる。
3 メレンゲの1/3量を混ぜ入れる。
4 アーモンドパウダーと栗の粉を合わせてふるい、3に混ぜ入れる。
5 残りのメレンゲを加えて混ぜる。

組み立て・焼成

ビスキュイ・ショコラ（P.51）　厚さ2mm、直径5cm弱の円形4枚

組み立て・焼成

1 提供する15分前に組み立てて焼成する。まず、セルクルに入れた筒形ケースの底に2mm厚さのビスキュイ・ショコラを敷き、フォンダンショコラを1/3の高さまで流す。
2 ガナッシュをのせ、縁ぎりぎりまで再びフォンダンショコラを流す。
3 上火170℃、下火160℃のオーヴンで15分ほど焼く。（焼き上がったらすぐに提供する）

1 ケースに詰めたフォンダンショコラ
アーモンド生地の極薄ケースにガナッシュと
フォンダンショコラを詰め、とろーりとろけ
る熱あつをサーヴ

2 チョコレートムース
カカオ分 70％のチョコレートにコニャック
をきかせたシックで濃密なムース

3 黒こしょう風味のビスケット

4 お米のフリット
ゆで米を乾燥させて素揚げ。食感のアクセン
トに

5 コシヒカリ・オ・レ
甘く煮た米に、トンカ豆とヴァニラ風味のホ
ットミルクを泡立てて注いで

6 コニャック風味のチョコレートソース
カカオ分 66％のチョコレートにコニャック
を香らせたソース

7 コニャック風味のアングレーズソース
アングレーズソースに牛乳とコニャックを混
ぜ、ハンドブレンダーで泡立てた温製ソース

B チョコレートムース

チョコレート（カカオ分70%）　100g
生クリーム（乳脂肪分38%）　100g
コニャック　15ml
卵黄　1個
ムラング・イタリエンヌ（P.267）
　┌ 卵白　25g
　└ シロップ　グラニュー糖25g＋水10g
6分立て生クリーム（乳脂肪分38%）　50g

C コシヒカリ・オ・レ

米（コシヒカリ）　50g
水　500ml
グラニュー糖　適量
生クリーム（乳脂肪分38%）　全体の1割
ヴァニラビーンズ　1/5本
トンカ豆※　2個
塩　少量
牛乳　適量
※トンカ豆（乾物 P.189）をホワイトラムに3日間漬
けてふやかしたもの。なければヴァニラの量を増やす。

B チョコレートムース

1　チョコレートは細かくきざんでボウルに入れ、湯せんにして溶かす。
2　生クリームを加え混ぜ、コニャックも加え、溶きほぐした卵黄も混ぜ入れる。
3　ムラング・イタリエンヌを混ぜ入れる。
4　6分立ての生クリームを混ぜる。

C コシヒカリ・オ・レ

1　鍋に米と水を入れ、ふたをせずに火にかける。米がやわらかくなるまで20分ほどゆでる。
2　米がやわらかくなったら、グラニュー糖を加えてゆで汁の糖度をブリックス20%にする。
3　全体の1割量の生クリームを加え、ヴァニラビーンズ、トンカ豆、塩少々を加え、火を止めてふたをして8分ほど蒸らす。濾す。
4　米を汁気を切って小さなグラスに盛り、煮汁を4倍量の温めた牛乳で割って、ハンドブレンダーで泡立てて米の上から注ぐ。

Sauces　　　　　ソース

D コニャック風味のチョコレートソース

チョコレート（カカオ分66%）　75g
ココアパウダー　75g
シロップ　グラニュー糖300g＋水270g
コニャック　80ml

E コニャック風味のアングレーズソース

アングレーズソース（P.242）　適量
牛乳　アングレーズソースの1割
コニャック　少量

D コニャック風味のチョコレートソース

1　チョコレートは細かくきざみ、ココアパウダーとともにボウルに入れる。
2　熱いシロップを1に注いで混ぜる。
3　粗熱が取れたらコニャックを加える。

E コニャック風味のアングレーズソース

1　人肌のアングレーズソースに1割量の牛乳と少量のコニャックを混ぜ、ハンドブレンダーで泡立てる。

F 黒こしょう風味の薄いビスケット
ケース（A）の残り生地　適量
黒こしょう　少量

F 黒こしょう風味の薄いビスケット

1 ケースの残り生地に黒こしょうを少々挽き入れ、厚さ約2mm、長径
　6cm、短径5cmの楕円形に流し（1人前1枚）、160℃のオーヴンで8
　分ほど焼く。

G お米のフリット
米　50g
水　500ml
グラニュー糖　適量
揚げ油（なたね油）　適量
粉糖　適量

G お米のフリット

1 鍋に米と水を入れ、ふたをせずに火にかける。米がやわらかくなる
　まで20分ほどゆでる。
2 1を2等分し、片方には5%量のグラニュー糖を混ぜる。
3 テフロン加工の天板に2の米をそれぞれを薄く広げ、乾燥した場所
　に2日間ほど置いて乾燥させる。
4 食べやすい大きさに割り、グラニュー糖入りの方は160～170℃の油
　で揚げ、グラニュー糖抜きの方は180℃の油で揚げる。
5 油をよく切り、グラニュー糖抜きの方には粉糖をかける。

盛り付け

1 オーヴンから出したてのケースに詰めたフォンダンショコラ（A）を
　皿に盛り、コニャック風味のチョコレートソース（D）を流し、その
　上からコニャック風味のアングレーズソース（E）をかける。
2 黒こしょう風味の薄いビスケット（F）を敷き、チョコレートムース（B）
　をラグビーボール形に整えてのせる。コニャック風味のチョコレー
　トソース（D）をかけ、その上にお米のフリット（G）を2種類のせる。
3 コシヒカリ・オ・レ（C）のグラスを添える。

トンカ豆

茜りんごをローストしてコニャックの香りで包み、
パート・シュクレの小さなキャセロールに入れて
Casserole de pomme au four en pâte sucrée, crème chantilly au cognac

おもちゃの鍋に昔懐かしい焼きりんご——
古くから伝わるクラシックなデザートをほのぼのした盛り付けで楽しむ。
シナモンキャラメルソースと淡いピンク色のりんごのコンポートソースを添えて。

Bases & Eléments Principaux　　ベース＆メインパーツ

A りんごのロースト

茜りんご（最小サイズ）　4個

コニャック　5g×4

グラニュー糖　5g×4

はちみつ（りんごの花）　15g×4

ヴァニラビーンズ（1回使ったもの）　1/2本×4

シナモンスティック　4本

バター　適量

A りんごのロースト

1　茜りんごは、上から芯をくり抜く（底まで貫通させない）。針などで皮をつついてロースト中にはじけないようにする。

2　オーヴン対応の鍋（銅鍋が最適）にパラフィン紙を敷き、1のりんごを並べ入れる。くり抜いた部分にコニャックとグラニュー糖を5gずつ入れ、はちみつ15gも入れる。半分の長さに切ったヴァニラビーンズ、シナモンスティックを差し込み、さらに親指の頭大のバターを2、3片ずつのせる。

3　130～140℃のオーヴンで70～80分焼く。途中4回ほど、鍋にたまった焼き汁をスプーンですくってりんごにまんべんなく回しかける。

Eléments Complémentaires　　サブパーツ

B 鍋型のタルトケース

パート・シュクレ（P.266）　約500g

クレーム・パティシエール（P.250）　75g

クレーム・ダマンド（P.267）　50g

アーモンド（半切り）　4片

フォンダン　粉糖50g＋卵白7g

B 鍋型のタルトケース

1　パート・シュクレをめん棒で2mm厚さにのばし、ピケローラーでピケする。直径8cm、高さ1.5cmのセルクルに敷き込む（1人前1台）。

2　鍋の取っ手用に、2mm厚さのパート・シュクレを幅約1.5cm、長さ約10cmの帯状に切り出し（1人前1枚）、直径5cmのセルクルを利用してカーブをつける。

3　ふた用は、残りのパート・シュクレを1mm～1.5mm厚さにのばし、直径5cmのセルクルで抜く（1人前1枚）。

4　クレーム・パティシエールとクレーム・ダマンドを混ぜ合わせる。

5　4のクリームを1のタルトの半分の高さまで詰める。天板に並べ、取っ手用の生地を貼り付け、落ちないように5cmのセルクルをアルミホイルで固定して添える。170～180℃のオーヴンで20分ほど焼く。

6　ふた用の生地は、中心に半切りアーモンドを付け、160℃のオーヴンで15分ほど焼く。

7　粉糖と卵白をよくすり混ぜてフォンダンをつくり、ふた用生地が焼き上がったら、熱いうちにハケでぬる。

1 りんごのロースト
酸味のきいた茜りんごをヴァニラ、コニャック、シナモン、はちみつでロースト

2 鍋型のタルトケース
パート・シュクレを鍋の形に。クリームを詰めて焼き、ふたにはフォンダンをぬって

3 煮りんごのピュレ
はちみつを加えてやわらかく煮たりんごのピュレをタルトケースに詰めて

4 キャラメルシナモンソース
茶色に煮詰めたキャラメルにバターと生クリームを混ぜ、シナモンを香らせて

5 りんごのコンポートソース
ヴァニラ風味のシロップで茜りんごをコンポート。煮汁で可憐な茜色のソースを

6 コニャックの
クレーム・シャンティイ
脂肪分で全体にコクと奥行きを与える役割。裂いたヴァニラビーンズを飾りに

7 りんごのローストで使ったヴァニラとシナモンをプレゼンテーション

C 煮りんごのピュレ＊

茜りんご　1kg
グラニュー糖　70g
はちみつ（りんごの花）　大さじ2
レモン汁　1個分
水　80ml

C 煮りんごのピュレ

1 りんごは8等分のくし形に切り、皮をむいて芯を取る。
2 りんごを鍋に入れ、グラニュー糖、はちみつ、レモン汁、水を加えてふたをして強火にかける。沸騰後10分ほど煮たらふたを取り、木ベラでかき混ぜながら、煮汁がなくなるまで煮詰める。
3 フードプロセッサーにかけてピュレにする。

Sauces

ソース

D キャラメルシナモンソース

グラニュー糖　110g
水飴　30g
生クリーム（乳脂肪分38％）　150g
バター　8g
シナモンスティック　2本

D キャラメルシナモンソース

1 グラニュー糖と水飴を鍋に入れ、茶色のキャラメル状になるまで熱する。
2 火から下ろして生クリームとバターを入れ、再び火にかけて溶きのばし、シナモンスティックを入れる。香りが軽く出たら、火から下ろす。

E りんごのコンポートソース＊

茜りんご　2〜3個
シロップ（糖度ブリックス18％）　1L
はちみつ（りんごの花）　100ml
レモン（スライス）　3〜4枚
ヴァニラビーンズ（1回使ったもの）　1/3本
葛粉　適量
ヴァニラビーンズ（種子のみ）　適量

E りんごのコンポートソース

1 りんごは皮付きのまま8等分のくし形に切り、芯を取る。
2 鍋でシロップを沸かし、はちみつ、レモン、ヴァニラビーンズ1/3本を入れ、りんごも入れる。落としぶたをして、沸かない程度の火加減で5〜6分煮る。火から下ろしてそのまま粗熱が取れるまで置き、冷蔵庫に入れて最低1日マリネする。
3 2の煮汁を適量取って沸かし、水溶きした葛粉を加えてとろみをつけ、ヴァニラの種子を混ぜ入れる。室温に冷ます。

Garnitures

付け合わせ

F コニャックのクレーム・シャンティイ

生クリーム（乳脂肪分45％）　100g
グラニュー糖　15g
コニャック　20g

F コニャックのクレーム・シャンティイ

1 ボウルに生クリームとグラニュー糖を入れて泡立て、コニャックを混ぜ入れる。

盛り付け
細く裂いたヴァニラビーンズ　4本

盛り付け

1 皿にキャラメルシナモンソース（D）を一筋流し、その上に鍋型のタルトケース（B）を置く。

2 煮りんごのピュレ（C）をタルトケースの中に詰め、ローストりんご（A）をのせ、ふた用生地（B）をのせる。

3 りんごのコンポートソース（E）を流す。

4 コニャックのクレーム・シャンティイ（F）をスプーンに形よく盛り、細く裂いたヴァニラビーンズをのせて、皿に添える。

5 りんごのロースト（A）に差し込んであったヴァニラビーンズとシナモンスティックを皿の隅に添える。

いちじくのロースト アーモンドとココナッツ風味のミルクソルベとともに

Figue rôtie aux branches de fenouil, galette de figue noire mi-séchée et sorbet au lait d'amande et à la noix de coco avec son cornet au caramel

赤紫の大粒いちじく、小粒な黒いちじく、セミドライの黒いちじく——
3タイプのいちじくをフェンネルとレモングラスの香りでロースト。
ココナッツとアーモンド風味のナッティなミルクソルベを添えて。

Eléments Principaux   メインパーツ

A いちじくのロースト

いちじく　4個
バター　5g×4
ヴァニラビーンズ（1回使ったもの）　6cm×4本
カソナード　20g×4
フェンネルの葉　4枝
溶かしバター　少量
グラニュー糖　適量
バルサミコ酢（熟成もの）　少量

A いちじくのロースト

1 いちじくは茎の部分を水平に切り落として十字に切れ目を入れ、バター5gをのせ、ヴァニラビーンズを1本差し込み、カソナードを20gふる。
2 フェンネルの葉を溶かしバターにくぐらせ、グラニュー糖をまぶし、1のいちじくに貼り付ける。
3 上火220℃、下火200℃のオーヴンで20分ほど焼く。
4 熱いうちにバルサミコ酢（十分に熟成したまろやかなタイプ）を数滴かける。

Eléments Complémentaires   サブパーツ

B 干し黒いちじくのガレット

全卵　65g
強力粉　50g
グラニュー糖　20g
塩　少量
大粒のセミドライ黒いちじく　約3個
フェンネルの葉　適量
溶かしバター　少量
グラニュー糖　適量

B 干し黒いちじくのガレット

1 全卵を溶きほぐし、強力粉をふるい入れ、グラニュー糖と塩も加えてよく混ぜる。
2 大粒のセミドライ黒いちじくを4等分に切り、1で和える。
3 直径4cmのセルクルにバターをぬり、2のいちじくを詰める（1人前1台）。表面に溶かしバターをぬる。
4 フェンネルの葉を溶かしバターにくぐらせ、グラニュー糖をまぶし、3の上にのせる。ラップフィルムをかけ、上からぎゅっと押してセルクル内の隙間をなくす。
5 ラップフィルムを取り、180℃のオーヴンで8分ほど焼く。

C 黒いちじくのロースト

黒いちじく　2個
はちみつ（アカシア）　適量
バター　少量
フェンネルの茎（細切り）　4片
溶かしバター　適量
カソナード　適量
バルサミコ酢（熟成もの）　少量

C 黒いちじくのロースト

1 黒いちじくは縦半分に切り、オーヴン対応の鍋に並べ入れる。はちみつをぬり、バター少々をのせ、細切りにしたフェンネルの茎をのせる。
2 溶かしバターとカソナードを混ぜ合わせ、1のいちじくの上にのせる。
3 上火220℃、下火200℃のオーヴンで13〜15分焼く。
4 バルサミコ酢（十分に熟成したまろやかなタイプ）を数滴かける。鍋に残った焼き汁は、ソースに使うのでそのまま鍋に残しておく。

1 いちじくのロースト
いちじくにヴァニラを差し込み、フェンネルをのせてロースト。バルサミコ酢を数滴たらして

2 干し黒いちじくのガレット
セミドライの黒いちじくをアパレイユで和え、セルクルにぎゅっと詰めてロースト

3 黒いちじくのロースト
小粒な黒いちじくを半切りにして、はちみつ、バター、フェンネルをのせてロースト

4 アーモンドとココナッツのミルクソルベ
牛乳をローストアーモンドとココナッツでアンフュゼし、フレーバー豊かなナッティソルベに

5 キャラメルコルネ
キャラメル風味の極薄生地をコルネに。奥にはいちじくのコンフィテュールが詰まっている

6 ソース・サバイヨン
レモンがさわやかに香るクリーミィソース

7 ローストいちじくのバルサミコソース
いちじくのロースト汁にまろやかな熟成バルサミコ酢を混ぜて

8 フェンネルのソース
ゆでたフェンネルをシロップとともに撹拌し、葛でとろみをつけて。深く美しい緑色

D アーモンドとココナッツのミルクソルベ＊

牛乳　1.2L
アーモンドスライス（ローストする）　100g
ココナッツフレーク　100g
グラニュー糖　150g
ビドフィックス（P.268）　5g
生クリーム（乳脂肪分38％）　50g

D アーモンドとココナッツのミルクソルベ

1 牛乳を沸かし、ローストしたアーモンドスライスとココナッツを入れ、ふたをして火から下ろし、6分間置いた後、濾す。
2 グラニュー糖とビドフィックスを混ぜ合わせ、1に混ぜ入れる。
3 生クリームを2に混ぜ入れる。
4 アイスクリームマシンにかける。
❖ 容量が1L以下の小型アイスクリームマシンでつくる場合は、生クリームを混ぜる前の2をアイスクリームマシンにかけ、とろみがついてきたら6分立てに泡立てた生クリームを加えて最後まで仕上げるとよい。

E ソース・サバイヨン

┌ 卵黄　20g
│ 卵白　7g
❖ グラニュー糖　20g
│ レモン汁　10ml
└ 水　10ml
レモンの皮（すりおろす）　少量
サフランパウダー　少量
生クリーム（乳脂肪分38％）　全体の1割

E ソース・サバイヨン

1 ボウルに❖の材料を入れ、湯せんにかけて泡立てる。
2 白っぽくなってもったりしたら、湯せんから外し、レモンの皮とサフランパウダーを加える。
3 1割量の生クリームを混ぜる。

F ローストいちじくのバルサミコソース

黒いちじくのロースト汁（C）　全量
バルサミコ酢（熟成もの）　200ml
カソナード　50g

F ローストいちじくのバルサミコソース

1 黒いちじくのローストで使った鍋（焼き汁が残っている）に、バルサミコ酢（十分に熟成したまろやかなタイプ）とカソナードを加え、火にかけて煮溶かし、煮詰める。
2 濾して室温に冷ます。

G フェンネルのソース

フェンネルの葉　100g
シロップ（糖度ブリックス22％）　200ml
葛粉　適量

G フェンネルのソース

1 フェンネルの葉を塩を加えた沸騰湯でゆで、冷水に取って色止めする。水気をよく絞り、細かくきざむ。
2 ミキサーに1のフェンネルとシロップを入れて攪拌する。
3 2を目の細かい濾し器で濾して鍋に入れ、火にかけて沸かし、水溶きした葛粉を加えてとろみをつける。室温に冷ます。

Hいちじくのコンポート＊

いちじく　小5個
シロップ（糖度ブリックス23%）　1L
くちなしの実　1個
レモン（スライス）　1/2個
ヴァニラビーンズ（1回使ったもの）　1/2本

Iいちじくのコンフィチュール

いちじく　200g
グラニュー糖　120g

Jキャラメルコルネ

グラニュー糖　100g
ペクチン　15g
水飴　35g
バター　65g
薄力粉　15g

Hいちじくのコンポート

1 いちじくのシリに箸で穴を開けておく。
2 鍋でシロップを沸かし、くちなしの実、レモン、ヴァニラビーンズを入れてしばらく沸かす。
3 火から下ろしていちじくを入れ、浮かないように落としぶたをして70℃になるまでそのまま置く。
4 容器に移し、氷水に当てて冷やす。冷蔵庫に入れて最低2日間マリネする。

Iいちじくのコンフィチュール

1 いちじくは皮をむいて4つ切りにし、鍋に入れ、グラニュー糖をまぶしてしばらくそのまま置く。
2 鍋を火にかけ、沸いたら中火にして混ぜながら煮ていく。ジャムよりもゆるめの濃度で火を止める（冷えるとかたくなる）。

Jキャラメルコルネ

1 グラニュー糖とペクチンを混ぜ合わせる。
2 鍋に水飴とバターを入れ、火にかけて溶かし、1を加えて106℃まで煮詰める。
3 薄力粉をふるい入れて混ぜる。
4 シルパットの上に流し、上にもシルパットをかぶせ、めん棒で薄くのばす。
5 上のシルパットをはがし、直径12cmのセルクルで抜き（4人前で2枚）、別のシルパットの上に並べて180℃のオーヴンで8分ほど焼く。
6 冷めてかたくなる前に扇形にカットし、丸めて円錐形にする。

盛り付け

1 皿に干し黒いちじくのガレット（B）をのせ、上にいちじくのロースト（A）をのせる。
2 いちじくのコンポート（H）をきざんで2箇所に少量ずつ盛る。片方には、いちじくのコンフィチュール（I）を詰めたキャラメルコルネ（J）をのせ、アーモンドとココナッツのミルクソルベ（D）を入れる。もう片方には、黒いちじくのロースト（C）をのせる。
3 ソース・サバイヨン（E）、ローストいちじくのバルサミコソース（F）、フェンネルのソース（G）を流す。

カモミールの香り、色、味わいをアヴァンデセールに
C'est tout ce qu'il y a de Camomille —— infusion, gelée, sorbet et granité

カモミールの香りがいちばん高いのは、花の時期。
満開のカモミールをたっぷり使ってとびきり香り高いシロップをつくる。
このシロップをスープやソルベにすると、うっとりと幻想的なアヴァンデセールに。

カモミールのグラニテ

Granité & Sorbets	グラニテ＆ソルベ

A カモミールのグラニテ ＊
カモミールの葉　116g
シロップ（糖度ブリックス16％）　1L

A カモミールのグラニテ
1 カモミールの葉を塩を加えた沸騰湯でゆで、冷水に取って色止めする。水気を絞り、ざく切りにする。
2 ミキサーに1のカモミールとシロップを入れて攪拌し、冷凍用容器に濾し入れる。
3 冷凍庫でカチコチに凍らせる。

B カモミールのヨーグルトソルベ ＊
シロップ（糖度ブリックス19％）　1L
花付きカモミール　200g
ヨーグルト　全体の1割
ビドフィックス（P.268）　10g
レモン汁　1/4個分

B カモミールのヨーグルトソルベ
1 シロップを沸かし、花付きカモミールを手でもんで香りを立たせてから入れる。再沸騰したら、ふたをして火から下ろし、4分間置く。ペーパーフィルターで濾し、完全に冷ます。
2 ヨーグルトを1割量混ぜる。
3 1つまみのグラニュー糖（分量外）を混ぜたビドフィックスを加え混ぜ、レモン汁も混ぜる。
4 アイスクリームマシンにかける。

Garnitures & Présentation	付け合わせ＆仕上げ

C カモミールの花のクリスタリゼ
卵白　1個分
レモン汁　4〜5滴
カモミールの花　適量
グラニュー糖　適量

C カモミールの花のクリスタリゼ
1 卵白を溶きほぐしてコシを切り、レモン汁を混ぜる。
2 カモミールの花の茎をつまんで1の卵白に浸し、グラニュー糖をまぶす。
3 茎を糸で結び、乾燥した場所に吊して3日間乾燥させる。

盛り付け
1 カモミールのグラニテ（A）をスプーンなどでかき取り、ドゥミタスカップに盛る。
2 カモミールのヨーグルトソルベ（B）をのせ、カモミールの花のクリスタリゼ（C）を添える。

カモミールのジュレスープ

Dカモミールの緑のジュレ＊
カモミールの葉　100g
シロップ（糖度ブリックス16％）　500ml
板ゼラチン（冷水に浸けてふやかす）　4g

Dカモミールの緑のジュレ

1 カモミールの葉を塩を加えた沸騰湯でゆで、冷水に取って色止めする。水気を絞り、ざく切りにする。
2 ミキサーに1のカモミールとシロップを入れて攪拌し、濾す。
3 2を適量（ゼラチンを溶かせる程度の量）取り、沸かない程度に温め、ふやかした板ゼラチンを入れて溶かす。残りの2と合わせる。
4 フルートグラスに適量注ぎ、タオルを敷いたバットにグラスを寝かせて置き、冷やし固める。

E カモミールのスープ＊
シロップ（糖度ブリックス16％）　500ml
花付きカモミール　150g
板ゼラチン（冷水に浸けてふやかす）　3.5g

E カモミールのスープ

1 シロップを沸かし、花付きカモミールを手でもんで香りを立たせてから入れる。再沸騰したらふたをして火から下ろし、4分間置く。ペーパーフィルターで濾す。
2 ふやかした板ゼラチンを入れて溶かし、冷ます。

F カモミールの緑のソルベ＊
花付きカモミール　200g
シロップ（糖度ブリックス18％）　1L
ビドフィックス（P.268）　9g

F カモミールの緑のソルベ

1 花付きカモミールを塩を加えた沸騰湯でゆで、冷水に取って色止めする。水気を絞り、ざく切りにする。
2 ミキサーに1のカモミールとシロップを入れて攪拌し、目の細かい濾し器で濾す。
3 1つまみのグラニュー糖（分量外）を混ぜたビドフィックスを混ぜる。
4 アイスクリームマシンにかける。

盛り付け

1 カモミールの緑のジュレ（D）を固めたグラスにカモミールのスープ（E）を注ぎ、カモミールの緑のソルベ（F）を浮かべる。

香り高い本柚子のアヴァンデセール
Parfum délicat de Yuzu

柚子のコンポートから美しい黄金色のジュレをつくり、発酵クリームと層に重ねる。
上にのせたソルベも、もちろん柚子風味。
ほんのひとすくいで豊潤な柚子の香りが口の中に溢れかえる。

柚子のジュレとソルベのアヴァンデセール

Bases	ベース

A 柚子のコンポート / 柚子ジュース ＊
シロップ（糖度ブリックス23％）　2L
サフラン　少量
くちなしの実　2個
レモン（スライス）　2個分
本柚子（熟したもの）　6個

A 柚子のコンポート / 柚子ジュース
1 鍋でシロップを沸かし、サフランとくちなしの実を入れる。
2 シロップが染まったら、レモンを入れる。レモンがほぼ煮えたら柚子を入れ、すぐに火から下ろし、そのまま冷めるまで置く。冷蔵庫に入れて3日間マリネする。これを濾したものが柚子ジュース。

Eléments Principaux	メインパーツ

B 柚子クリーム
本柚子の果肉　1〜2個分
クレーム・ラフィネ❖　柚子果肉の2倍
グラニュー糖　適量
❖乳酸発酵させた生クリーム（乳脂肪分35％）。中沢乳業製（業務用）。

B 柚子クリーム
1 柚子の果肉を取り出してボウルに入れ、クレーム・ラフィネを混ぜる。
2 糖度がブリックス20％になるまでグラニュー糖を混ぜ入れる。柚子の果肉がすっかりほぐれるまで混ぜること。

C 柚子のジュレ
柚子ジュース（A）　200g
板ゼラチン（冷水に浸けてふやかす）　1.5g

C 柚子のジュレ
1 柚子ジュースの一部（ゼラチンを溶かせる程度の量）を取り、沸かない程度に温め、ふやかした板ゼラチンを入れて溶かす。残りの柚子ジュースと合わせ、冷蔵庫で冷やす。
2 周りが固まってきたら、全体をかき混ぜる。

D 柚子のネージュ
柚子ジュース（A）　200g
板ゼラチン（冷水に浸けてふやかす）　3g

D 柚子のネージュ
1 柚子ジュースの一部（ゼラチンを溶かせる程度の量）を取り、沸かない程度に温め、ふやかした板ゼラチンを入れて溶かす。
2 残りの柚子ジュースの半量と1を合わせ、氷水に当ててやや濃度がつくまで冷やす。
3 2を泡立て器で白く濁るまで撹拌する。これを残りの柚子ジュース（生温かい状態のもの）と混ぜ、冷蔵庫で冷やし固める。
4 固まった3を再び泡立て器で白くなるまで撹拌する。

E やわらかい柚子のジュレ
柚子ジュース（A） 200g
板ゼラチン（冷水に浸けてふやかす） 1g

E やわらかい柚子のジュレ

1 柚子ジュースの一部（ゼラチンを溶かせる程度の量）を取り、沸かない程度に温め、ふやかした板ゼラチンを入れて溶かす。残りの柚子ジュースと合わせ、冷やす。

Sorbets

ソルベ

F 柚子ソルベ＊
柚子ジュース（A） 1L
ヨーグルト　柚子ジュースの1割
レモン汁　1/3個分
ビドフィックス（P.268） 10g

F 柚子ソルベ

1 ボウルに柚子ジュースとヨーグルトを入れて混ぜ合わせ、レモン汁も混ぜる。
2 1つまみのグラニュー糖（分量外）を混ぜたビドフィックスを1に混ぜる。
3 アイスクリームマシンにかける。

Garnitures

付け合わせ

G 柚子皮シュガー
柚子の皮　適量
シロップ（糖度ブリックス25％）　適量
グラニュー糖　適量

G 柚子皮シュガー

1 柚子の皮をむき取る（白いワタの部分は取り除く）。鍋でシロップを沸かして皮を入れ、火から下ろして冷ます。冷蔵庫に2日間入れてマリネする。
2 1の皮を90℃のオーヴンで1時間30分焼く。冷めたら、ミルで粉砕する。
3 同量のグラニュー糖と混ぜる。

Présentation

仕上げ

盛り付け

1 グラスの縁に柚子果肉をこすりつけてぬらし、柚子皮シュガー（G）を付ける。
2 グラスに以下の順番で重ね入れる：柚子クリーム（B）、柚子のジュレ（C）、柚子のネージュ（D）、やわらかい柚子のジュレ（E）。
3 柚子ソルベ（F）を上にのせる。

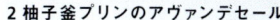

**1 柚子のジュレとソルベの
アヴァンデセール**
下から順に、柚子果肉入りの発酵クリーム、
柚子コンポートのジュレ、柚子ジュレを攪拌
した泡雪のようなネージュ、ごくゆるい柚子
のジュレ。柚子のソルベをのせて

1

2 柚子釜プリンのアヴァンデセール
ヴァニラの香りのシロップで柚子を皮ごとコ
ンポートし、中をくり抜いてカップに。柚子
味プリンと柚子＆フロマージュブランの角
切りジュレを詰めて

2

柚子釜プリンのアヴァンデセール

Bases	ベース

Hヴァニラの香りの柚子コンポート
本柚子　4個
シロップ（糖度ブリックス25%）　1L
サフラン　少量
ヴァニラビーンズ（1回使ったもの）　1本

Hヴァニラの香りの柚子コンポート
1 柚子の上部1/4を切り落とす。上部はふたとして使う。下部は、皮と果肉の境目に切れ目を入れておく（後で果肉を取り出しやすい）。
2 鍋でシロップを沸かし、サフランとヴァニラビーンズを入れ、サフランの色が出たら、1の柚子（上下とも）を入れ、火から下ろす。
3 容器に移し、氷水に当てて冷やし、冷蔵庫に入れて最低3日間マリネする。

Eléments Principaux	メインパーツ

I 柚子プリン
ヴァニラの香りの柚子コンポートの煮汁（H）　55g
レモン汁　10g
水　72g
グラニュー糖　55g
全卵　1個

I 柚子プリン
1 材料をすべて混ぜ合わせ、バットに1cm深さに濾し入れる。
2 湯せんにして150℃のオーヴンで6〜7分ほど加熱する。

J 柚子とフロマージュブランのジュレ
ヴァニラの香りの柚子コンポートの煮汁（H）　200g
板ゼラチン（冷水に浸けてふやかす）　2.5g
フロマージュブラン（乳脂肪分40%）　50g

J 柚子とフロマージュブランのジュレ
1 ヴァニラの香りの柚子コンポートの煮汁の一部（ゼラチンを溶かせる程度の量）を取り、沸かない程度に温め、板ゼラチンを入れて溶かす。残りの煮汁と合わせる。
2 フロマージュブランを混ぜ、バットに1cm深さに流して冷やし固める。
3 1cmの角切りにする。

Présentation	仕上げ

盛り付け
1 柚子コンポートの下部（H）をシロップから取り出し、汁気を拭き取り、果肉をくり抜く。
2 柚子プリン（I）をスプーンでくずし、1のくり抜いた柚子の中に入れる。その上に、柚子とフロマージュブランのジュレ（J）をのせ、柚子コンポートの上部（H）をふたとして添える。

アカシアの花

アカシアの花に桑の実を
Fleurs d'acacia et mûres noires

春になるとアカシアが白い花をたわわに付け、ミツバチを惹きつける。
この甘い香りの花をシロップに漬け、清楚な純白のエスプーマに。
桑の実の深い紫色とのコントラストが美しい。

アカシアの花のエスプーマと桑の実のコンフィチュール

Bases	ベース

A アカシアの花のマリネ
シロップ（糖度ブリックス22％）　750ml
アカシアの花（P.211）　150g

A アカシアの花のマリネ
1 室温のシロップにアカシアの花を漬ける。浮かないように、ラップフィルムを表面に落とし、上に軽めの重しをのせておく。冷蔵庫に入れて4日間マリネする。

B 桑の実のコンポート
シロップ（糖度ブリックス16％）　500ml
レモン（スライス）　1個分
ヴァニラビーンズ（1回使ったもの）　1.5本
黒こしょう（粒）　5粒
桑の実　250g

B 桑の実のコンポート
1 鍋でシロップを沸かし、レモンとヴァニラビーンズを入れる。レモンにほぼ火が通ったら火から下ろし、黒こしょうを入れる。そのまま65℃まで冷ます。
2 桑の実を入れ、冷めるまで置く。冷蔵庫に入れて最低3日間マリネする。

Eléments Principaux	メインパーツ

C アカシアの花のエスプーマ
アカシアの花のマリネシロップ（A）　300g
はちみつ（アカシア）　15g
葛粉　適量（10〜15g）
クレーム・ラフィネ✣　70g
✣乳脂肪分35％の発酵生クリーム。中沢乳業製（業務用）。

C アカシアの花のエスプーマ
1 アカシアの花のマリネシロップとはちみつを鍋に入れて沸かし、水溶きした葛粉を加えてとろみをつける。粗熱を取る。
2 1とクレーム・ラフィネを混ぜ、冷蔵庫で十分に冷やす。
3 2を混ぜて全体を均一な状態にし、ソーダサイフォンに注ぎ入れ、ガスを注入し、よく振ってから使う。

D 桑の実のコンフィチュール
桑の実のコンポート（B）　250g
桑の実のコンポートの煮汁（B）　少量
アプリコットジャム　30g
レモン汁　50ml
板ゼラチン（冷水に浸けてふやかす）　1.5g

D 桑の実のコンフィチュール
1 桑の実のコンポートと煮汁少量を鍋に入れ、アプリコットジャムとレモン汁を加えて火にかけ、ゆっくりと煮詰めていく。
2 普通のジャムの倍くらいゆるい濃度で火から下ろし、ふやかした板ゼラチンを入れて溶かし、氷水に当てて冷ます。

E アカシアの花のジュレ

アカシアの花のマリネシロップ（A）　200ml
板ゼラチン（冷水に浸けてふやかす）　4g
アカシアの花　15輪

E アカシアの花のジュレ

1　アカシアの花のマリネシロップを水で薄めて糖度をブリックス16％にする。
2　1のシロップの一部を取って沸かない程度に温め、ふやかした板ゼラチンを入れて溶かす。残りの1のシロップと合わせる。
3　アカシアの花を縦4つ切りにし、2に加える。
4　バットをぬらしてラップフィルムを貼り付け、3を2mm厚さに流して冷やし固める。
5　ジュレを取り出し、2.5cm角の正方形に切る。

F カカオのヌガティーヌ ＊

カカオビーンズ（ローストする）　100g
グラニュー糖　100g
水飴　30g
バター　85g
牛乳　35g

F カカオのヌガティーヌ

1　カカオビーンズはローストしたものを使う。砕いて3mmの網でふるい、粗い粒を取り除く。粗い粒は3で使うので取っておく。
2　鍋にグラニュー糖、水飴、バター、牛乳を入れて沸かし、1を加えて混ぜる。粗熱を取り、冷蔵庫で冷やす。
3　2をシルパットの上に直径8cmの円形に薄くのばし、少し粗めのカカオビーンズをふり、180℃のオーヴンで8分焼く。
4　直径5cmのセルクルでドーナツ形に抜く。

盛り付け

アカシアの花　30輪
はちみつ（アカシア）　100g

盛り付け

1　ロックグラスに桑の実のコンフィチュール（D）を約1cm分入れる。
2　アカシアの花とはちみつを合わせ、1の上に適量のせる。
3　アカシアの花のエスプーマ（C）を約3cm分絞る。
4　アカシアの花のジュレ（E）をのせ、桑の実のコンポート（B）を1個のせる。
5　カカオのヌガティーヌ（F）をグラスの縁にのせる。

桑の実のジャムがけとアカシアの花のクリスタリゼ

桑の実　適量
アプリコットジャム　適量
グラニュー糖　適量
ヴァニラビーンズ（種子のみ）　少量
アカシアの花　適量
卵白、レモン汁　各適量

1　桑の実にアプリコットジャムをぬり、ジャムが固まるまで室温に置く。
2　グラニュー糖に少量のヴァニラの種子を混ぜ、1のいくつかにまぶす。
3　卵白を溶きほぐしてコシを切り、レモン汁を3、4滴混ぜる。アカシアの花の茎をつまんで卵白に浸し、グラニュー糖をまぶす。茎を糸で結び、乾燥した場所に吊して3日間乾燥させる。
4　皿に桑の葉を敷き、1、2、3を盛り合わせる。

スナップエンドウの甘さにレモンバームを香らせて
Pois gourmands sucrés à la mélisse

スナップエンドウは砂糖さやの異名を持つほどの甘さ。
この緑美しい豆野菜にレモン香のするレモンバームを組み合わせて、ナチュラルで香り高いアヴァンデセールに。

Eléments Principaux	メインパーツ

Aスナップエンドウスープとレモンバームジュレ

ヨーグルトのやわらかいジュレ
ヨーグルト　100g
粉糖　20g
板ゼラチン（冷水に浸けてふやかす）　1g

レモンバーム入りスナップエンドウのジュレ＊
スナップエンドウ　120g
シロップ（糖度ブリックス15％）　300ml
板ゼラチン（冷水に浸けてふやかす）　2.5g
レモンバームの葉　15枚

レモンバームのクリームジュレ＊
シロップ（糖度ブリックス15％）　300ml
レモンバームの葉　50g
板ゼラチン（冷水に浸けてふやかす）　12g
生クリーム（乳脂肪分38％）　シロップの1割

スナップエンドウのスープ＊
スナップエンドウ　100g
シロップ（糖度ブリックス14％）　300ml
板ゼラチン（冷水に浸けてふやかす）　2g

Aスナップエンドウスープとレモンバームジュレ

ヨーグルトのやわらかいジュレ
1　ヨーグルトに粉糖を混ぜる。このうち一部（ゼラチンを溶かせる程度の量）を温め、ふやかした板ゼラチンを入れて溶かす。残りのヨーグルトと合わせる。
2　グラスに1.5cm分ほど流し、冷蔵庫で冷やす（a）。

レモンバーム入りスナップエンドウのジュレ
1　スナップエンドウは、塩を加えた沸騰湯で莢がはじけるくらいまでやわらかめにゆで、冷水に取って色止めし、水気をよく切る。フードプロセッサーにかけ、目の細かい濾し器で濾してピュレにする。
2　1のピュレとシロップを混ぜ合わせる。一部（ゼラチンを溶かせる程度の量）を取って沸かない程度に温め、ふやかした板ゼラチンを入れて溶かす。残りのピュレと合わせる。
3　せん切りにしたレモンバームの葉を混ぜ入れる。
4　aのグラスに1.5cm分ほど流し重ね、冷蔵庫で冷やし固める（b）。

レモンバームのクリームジュレ
1　シロップを沸かし、レモンバームの葉を入れ、ふたをして火から下ろし、3分間置く。濾す。
2　ふやかした板ゼラチンを入れて溶かす。粗熱を取り、生クリームを混ぜる。
3　バットの内側を水でぬらし、ラップフィルムを貼り付け、2を5mm厚さに流して冷やし固める。
4　3のジュレを取り出して5mm角にきざみ、bのグラスに散らし入れ、冷蔵庫に入れておく（c）。

スナップエンドウのスープ
1　スナップエンドウは、塩を加えた沸騰湯で莢がはじけるくらいまでやわらかめにゆで、冷水に取って色止めし、水気をよく切る。フードプロセッサーにかけ、目の細かい濾し器で濾してピュレにする。
2　1のピュレとシロップを合わせる。一部（ゼラチンを溶かせる程度の量）を取って沸かない程度に温め、ふやかした板ゼラチンを入れて溶かす。残りのピュレと合わせる。
3　Cのグラスに2cm分ほど流し、冷蔵庫に入れておく。

B レモンバームのソルベ＊
シロップ（糖度ブリックス16％）　2L
レモンバームの葉　200g
ヨーグルト　全体の5％
レモン汁　1個分
ビドフィックス（P.268）　16g

B レモンバームのソルベ

1 シロップを沸かしてレモンバームの葉を入れ、ふたをして火から下ろして3分間置く。濾して冷やす。
2 1に5％量のヨーグルトを混ぜ入れ、レモン汁も混ぜる。
3 1つまみのグラニュー糖（分量外）を混ぜたビドフィックスを混ぜ入れる。
4 アイスクリームマシンにかける。

C スナップエンドウのマリネ
スナップエンドウ　8莢
シロップ（糖度ブリックス20％）　適量

C スナップエンドウのマリネ

1 スナップエンドウは塩を加えた沸騰湯でゆで、冷水に取って色止めする。水気をよく取り、シロップに漬けておく。

D スナップエンドウのフリット
スナップエンドウ　4莢
揚げ油（なたね油）　適量
グラニュー糖　適量

D スナップエンドウのフリット

1 スナップエンドウの莢を開き、180℃の油で揚げる。油をよく切り、グラニュー糖をまぶし、網の上にのせて乾燥した場所に2日間ほど置く。

E レモンバームのジュレ
シロップ（糖度ブリックス15％）　200ml
レモンバームの葉　30g
板ゼラチン（冷水に浸けてふやかす）　1.5g
緑ピーマンのピュレ☆　20g
☆ピーマンを塩ゆでしてフードプロセッサーにかけ、濾したもの。

E レモンバームのジュレ

1 シロップを沸かしてレモンバームの葉を入れ、ふたをして火から下ろして3分間置く。濾す。
2 ふやかした板ゼラチンを入れて溶かし、ピーマンのピュレと混ぜる。
3 容器に流して冷やし固める。

F ドライスナップエンドウ
スナップエンドウのマリネ（C）　4莢
グラニュー糖　適量

F ドライスナップエンドウ

1 マリネしたスナップエンドウの莢を開き、グラニュー糖をまぶし、乾燥した場所に2日間ほど置く。

G レモンバームのマドレーヌ＊
薄力粉　100g
アーモンドパウダー　16g
ベーキングパウダー　2.3g
全卵　2個
グラニュー糖　80g
はちみつ（れんげ）　33g
生クリーム（乳脂肪分38％）　33g
レモンの皮（すりおろす）　1/2個分
溶かしバター　100g
レモンバームの葉　適量（生地100gに対し10枚）

G レモンバームのマドレーヌ

1 薄力粉、アーモンドパウダー、ベーキングパウダーを合わせてふるう。
2 全卵、グラニュー糖、はちみつをよく混ぜ合わせ、生クリームを混ぜ入れ、レモンの皮も加える。
3 2に1の粉を加えて混ぜ、溶かしバターも混ぜ入れる。レモンバームの葉をせん切りにして混ぜ入れる。
4 小さなマドレーヌ型にバター（分量外）をぬり、強力粉（分量外）をふって逆さにして余分な粉を落とし、3の生地を流す。30分そのまま室温に置く（表面に膜を張らせるため）。
5 170℃のオーヴンで10分ほど焼く。

盛り付け

1 スナップエンドウスープとレモンバームジュレ（A）に、レモンバームのソルベ（B）を浮かべる。

2 スプーンに手前からドライスナップエントウ（ト）、スナップエンドウのマリネ（C）、レモンバームのマドレーヌ（G）、レモンバームのジュレ（E）、スナップエンドウのフリット（D）の順番に盛り付ける。

4種類の小さなスティック

ブルーベリーのはちみつクグロフ

レモンとディルのタルトレット

Mignardises ── "Les douceurs du temps"
ミニャルディーズ──小菓子、楽しみの時

デザートも食べ終え、コーヒーでも飲みながら食事の余韻にぼんやり浸る。
そんな時に供されるのが小さなお菓子、ミニャルディース。
ひと口のなかに様ざまなおいしさを閉じ込めて。

いちごのタルトレット

フォンダンショコラ

みかんのパート・ド・フリュイとジュレ

A スパイスメレンゲスティック ✱

卵白　50g

グラニュー糖　100g

トンカ豆のパウダー❖　3g

ロングペッパー✚（粉末）　0.5g

ロングペッパー✚（挽く）　少量

❖トンカ豆（乾物 P.189）をウォッカに3日間漬けてふやかし、ミルで粉砕する。トンカ豆がなければ、シナモンやスターアニスなど別のスパイスでつくるとよい。

✚インドネシア産の細長いこしょう。辛さよりも香りが先に立ち、香りが甘やか。（P.268）

B 緑茶スティック

パート・クロッキニョール ✱

グラニュー糖　50g

アーモンドパウダー　15g

薄力粉　50g

卵白　50g

溶かしバター　20g

混合・焼成 ✱

パート・クロッキニョール（上記）　75g

パータ・シュー（P.41）　150g

煎茶葉の粉末（ミルで粉砕してふるう）　10g

ココナッツパウダー　50g

グラニュー糖　50g

けしの実（黒・白）　各少量

C ライチティースティック ✱

ライチフレーバーの紅茶葉　13g

卵黄　40g

グラニュー糖　42g

メレンゲ（P.267）　卵白64g＋グラニュー糖30g

薄力粉　32g

強力粉　32g

粉糖　適量

A スパイスメレンゲスティック

1　卵白とグラニュー糖をボウルに入れ、弱火にかけて温めながら泡立てる。メレンゲが60〜70℃になったら火から下ろし、熱が取れるまで泡立てて気泡を安定させる。

2　1のメレンゲに、トンカ豆のパウダーとロングペッパーの粉末を混ぜる。

3　直径5mm、6cm長さの棒状に絞り、ロングペッパーを挽きかける。

4　90℃のオーヴンで1時間ほど焼く。

B 緑茶スティック

パータ・クロッキニョール

1　ボウルにグラニュー糖、アーモンドパウダー、薄力粉を入れてよく合わせる。

2　卵白のコシを切り、1に加えてよく混ぜる。

3　溶かしバターも混ぜ入れ、濾して冷蔵庫で2時間ほど休ませる。

混合・焼成

1　パート・クロッキニョール75gとパータ・シュー150g（1：2の割合）を混ぜ合わせ、煎茶葉の粉末、ココナッツパウダー、グラニュー糖を混ぜ入れる。

2　直径5mm、6cm長さの棒状に絞り、黒と白のけしの実をふる。

3　140℃のオーヴンで25〜30分焼く。

C ライチティースティック

1　ライチフレーバーの紅茶葉は、ミルで粉砕し、ふるって粗い葉を除く。

2　ボウルに卵黄とグラニュー糖を入れ、白っぽくなってもったりとするまで泡立てる。

3　2にメレンゲを3回に分けて混ぜ入れる。

4　薄力粉、強力粉、1の粉を合わせてふるい、3に加えてさっくりと混ぜる。

5　直径6mm、6cm長さの棒状に絞り、粉糖をふる。

6　180℃のオーヴンで6〜8分焼く。

D クミンとオレンジのサブレスティック *

オレンジの皮　1/2個分
バター（室温に戻す）　190g
粉糖　90g
卵白　35g
クミンパウダー　8g
薄力粉　200g
塩　少量

E レモンとディルのタルトレット *

パート・シュクレ（P.266）　適量
ホワイトチョコレート　適量

レモンクリーム *

バター（室温に戻す）　40g
粉糖　60g
レモン汁　18g
全卵　2個
コワントロー　少量

ディルソース *

ディル　100g
シロップ（糖度ブリックス22％）　150ml
葛粉　適量

ディルのクリスタリゼ

ディル　適量
卵白、レモン汁、グラニュー糖　各適量

D クミンとオレンジのサブレスティック

1 オレンジの皮は白いワタの部分を取り除き、乾いた場所に置いて乾燥させた後、ミルで粉砕する。
2 バターと粉糖をすり混ぜてクリーム状にし、卵白のコシをよく切って混ぜ入れる。
3 1のオレンジ皮の粉、クミンパウダー、薄力粉、塩をよく混ぜ、2に加えてさっくりと合わせる。
4 直径5〜6mmの8切れ星口金で、長さ6cmに絞る。
5 180℃のオーヴンで8〜10分焼く。

E レモンとディルのタルトレット

1 パート・シュクレを2mm厚さにのばし、タルトレット型に敷き込み、竹串などで穴を開ける。160℃のオーヴンで20分ほど空焼きする。
2 冷めたら、内側に溶かしたホワイトチョコレートをぬる。

レモンクリーム

1 バターと粉糖をクリーム状になるまですり混ぜる。
2 レモン汁を混ぜ入れ、溶きほぐした全卵も加えてよく混ぜる。
3 鍋に移し、混ぜながら熱する。とろみがついてきたらコワントローを加え、火から下ろして冷ます。

ディルソース

1 ディルを塩を加えた沸騰湯でさっとゆで、冷水に取って色止めする。水気をよく絞り、ざく切りにする。
2 ミキサーに1のディルとシロップを入れて撹拌し、濾す。
3 2を鍋で沸かし、水溶きした葛粉を加えてとろみをつけ、冷ます。

ディルのクリスタリゼ

1 卵白を溶きほぐしてコシを切り、レモン汁を数滴混ぜ入れる。
2 ディルの茎をつまんで1の卵白に浸し、全体にグラニュー糖をまぶす。
3 茎を糸で結び、乾燥した場所に吊して2日間乾燥させる。

組み立て

1 ホワイトチョコレートをぬったパート・シュクレを厚紙で対角線に仕切る。片側にレモンクリームを流し、もう片方にはディルのソースを流し、紙を抜く。
2 ディルのクリスタリゼをのせる。

F ブルーベリーのはちみつクグロフ

はちみつクグロフ＊
アーモンドパウダー　60g
はちみつ（アカシア）　45g
全卵　60g
卵黄　20g
ホワイトラム　15g
メレンゲ（P.267）　卵白60g＋グラニュー糖90g
薄力粉　20g
強力粉　20g
ベーキングパウダー　2g
溶かしバター　40g

組み立て
極細パスタ（ヴァミセリ）の素揚げ　数本
ブルーベリー　適量
アプリコットジャム　適量

G いちごのタルトレット＊
パート・シュクレ（P.266）　適量
┌ クレーム・ダマンド（P.267）　50g
└ クレーム・パティシエール（P.250）　25g
ストロベリーリキュール　適量
クレーム・シャンティイ（P.267、乳脂肪分38％、
　10％加糖）　適量
クレーム・パティシエール（P.250）　適量
いちご　適量
ナパージュ　適量
いちごのチップ（P.164）　適量

F ブルーベリーのはちみつクグロフ

はちみつクグロフ
1 ボウルにアーモンドパウダー、はちみつ、全卵、卵黄を入れ、もったりとして白っぽくなるまで泡立てる。ホワイトラムを混ぜ入れる。
2 メレンゲを2〜3回に分けて1に混ぜ入れる。
3 薄力粉、強力粉、ベーキングパウダーを合わせてふるい、2に混ぜ入れる。
4 溶かしバターに3の生地の一部を加えて混ぜ、これを残りの3の生地に混ぜる。
5 バットに3cm弱の深さに流し、170℃のオーヴンで15〜20分焼く。
6 冷めたら、直径1.5cmのセルクルで抜き、高さ2cmに切る。

組み立て
1 極細パスタを素揚げし、これでブルーベリー2個を串刺しにする。
2 はちみつクグロフの表面にアプリコットジャムをぬり、ブルーベリーの串刺しをのせる。

G いちごのタルトレット
1 パート・シュクレを2mm厚さにのばし、タルトレット型に敷き込み、竹串などで穴を開ける。
2 クレーム・ダマンドとクレーム・パティシエールを混ぜ、1の半分の高さまで詰める。160℃のオーヴンで25分ほど焼く。
3 ハケでストロベリーリキュールをぬり、クレーム・シャンティイとクレーム・パティシエールを絞り、いちごをのせる。いちごにナパージュをぬる。
4 粉糖をかけたいちごのチップを添える。

H みかんのパート・ド・フリュイとジュレ

みかんのパート・ド・フリュイ *

みかん　正味750g

レモン汁　70ml

ペクチン　20g
グラニュー糖　60g

水飴　90g

グラニュー糖　670g

酒石酸(P.268)　8g

オレンジ皮のジュレ *

パールアガー(P.268)　6g

グラニュー糖　17g

沸騰湯　100ml

オレンジの皮(すりおろす)　適量

I フォンダンショコラ

生地 *

焼いて砕いたパート・シュクレ　100g

カソナード　20g

溶かしバター　30g

フォンダンショコラ *

チョコレート(カカオ分66%)　240g

生クリーム(乳脂肪分38%)　240g

牛乳　100g

バター(室温に戻す)　24g

全卵　75g

組み立て

チョコレートソース(P.240)　少量

チョコレート(削る)　少量

H みかんのパート・ド・フリュイとジュレ

みかんのパート・ド・フリュイ

1 みかんは果肉を袋から取り出し、ミキサーにかけてピュレにする。濾してレモン汁を混ぜる。

2 ペクチンとグラニュー糖を混ぜ合わせ、1に混ぜる。

3 2を鍋に移し、水飴とグラニュー糖を加えて106℃まで煮詰める。

4 酒石酸を同量の水で溶いて3に混ぜ、型に約1cm深さに流して冷やし固める。

5 直径3cmのセルクルで抜き、グラニュー糖(分量外)をまぶす。

オレンジ皮のジュレ

1 パールアガーとグラニュー糖をボウルに入れて混ぜ、沸騰した湯を注いで溶かし、オレンジの皮を混ぜ入れる。

2 バットを水でぬらしてラップフィルムを貼り付け、1を1〜2mmの薄さに流し、冷やし固める。

3 2のジュレを3.5cm角の正方形に切る。

組み立て

1 みかんのパート・ド・フリュイの上に、オレンジ皮のジュレをかける。

I フォンダンショコラ

生地

1 パート・シュクレ(P.266)を3〜4mm厚さにのばして180℃のオーヴンで10分ほど焼き、粉状に砕く。

2 1にカソナードを混ぜ、溶かしバターも混ぜる。角型の底に2mm厚さに敷く。

フォンダンショコラ

1 チョコレートは細かくきざんでボウルに入れ、湯せんで溶かす。

2 鍋で生クリームと牛乳を沸かし、1に混ぜ入れる。

3 バターを加え混ぜ、溶きほぐした全卵も混ぜ入れて濾す。

組み立て

1 生地を敷いた角型に、フォンダンショコラを2cm深さに流す。

2 145℃のオーヴンで25分ほど焼く。(完全に火が通っていなくても、余熱で火が入る)

3 2cm角に切り、チョコレートソースをかけ、削ったチョコレートをのせる。

デザートのメソッド

La MÉTHODE du DESSERT

コンポートから展開するデザートメソッド

コンポートのテクニック

コンポートの利点は、旬のフルーツの豊かな風味を最高のイメージのまま保存できること。
真空パックにすれば酸化の心配もなく、香りも逃げない。

こしょうとヴァニラを香らせて
ブルーベリーのコンポート

赤ワイン　70ml
水　280ml
グラニュー糖　適量
レモン（スライス）　1/4個分
ドライハイビスカス　3個
ヴァニラビーンズ（1回使ったもの）　1/2本
ブルーベリー　250g
白粒こしょう　12粒

1 鍋に赤ワインを入れて沸かし、アルコール分を飛ばす。水を加え、糖度がブリックス24%になるまでグラニュー糖を混ぜる。

2 レモンとドライハイビスカスを入れ（写真1）、レモンにほぼ火が通ったらヴァニラビーンズも加える（写真2）。

3 火から下ろし、そのまま置いて90℃まで冷ます。

4 容器にブルーベリーを入れ、白粒こしょうも入れる（写真3）。

5 4に90℃に冷めた3のシロップを注ぎ（写真4）、そのまま冷めるまで置き、冷蔵庫に入れて最低2日間マリネする。

❖ コンポートのポイントは、熱の入れ方。ブルーベリーのように皮のしっかりしたフルーツなら、シロップの温度はやや高めでよい。ただし、沸騰状態のシロップには入れない。皮がはじけたり、中の果汁が煮汁にほとんど出てしまうから。また、いちごのように皮の薄いもろいフルーツは、シロップの温度をさらに低くする。

❖ ドライハイビスカスは、天然植物材料でありながら、美しいピンクの着色効果がある。

❖ 真空パックはストックに最適。酸化が防げるし、他の食材のにおいが移る心配もないし、煮汁といっしょにパックするので重ねても実がつぶれず、場所をとらない。

コンポートをソースに展開する

コンポートをストックしておけば、すぐにソースに展開できる。副材料を加えずにストレートに表現するもよし、
副材料でアレンジするもよし、バリエーションは無限に広がる。

皿の白さに映える深紅のソース
ブルーベリーのソース

ブルーベリーのコンポート（P.228） 100g
ブルーベリーのコンポートの煮汁（P.228） 100g
葛粉 適量

1 ブルーベリーのコンポートとその煮汁（濾したもの）を
　ミキサーに入れ、攪拌してピュレにする（写真1）。
2 鍋に移して沸かし（写真2）、水溶きした葛粉を加え（写
　真3）、よく混ぜてとろみをつける。
3 葛粉がダマになることがあるので、濾して使う（写真4）。

❖ 水溶き葛粉の葛粉と水の割合は、葛粉5：水3が目安。
❖ 水溶き葛粉の分量は、液体材料の5%が目安。液体材
　料の性質によって必要量は変わるので、一度に加えず、
　とろみ加減をみながら少量ずつ加えること。

ココアとスパイスでディープに
ブルーベリーとココアのソース

ブルーベリーのコンポート（P.228） 100g
ブルーベリーのコンポートの煮汁（P.228） 100g
ココアパウダー 8g
白こしょう（粉） 少量
コリアンダー（粉） 少量
葛粉 適量

1 ブルーベリーのコンポートとその煮汁（濾したもの）を
　ミキサーに入れ、攪拌してピュレにする。
2 ボウルにココアパウダーを入れ、白こしょうとコリア
　ンダーを加え（写真1）、混ぜ合わせる。
3 2のボウルに1のピュレを注ぎ（写真2）、ダマにならな
　いようによく溶かす。
4 3を鍋に移して火にかけ、沸騰したら水溶きした葛粉を
　加え、よく混ぜてとろみをつける（写真3）。
5 濾して使う。

コンポートをジュレに展開する

コンポートの煮汁は透明度が高く、ジュレにすると美しく発色する。
パールアガーで固めるジュレは、独特の柔軟性が魅力。新しいプレゼンテーションを可能にする。

ジュエリーのような美しさ
ブルーベリーのジュレ

ブルーベリーのコンポートの煮汁（P.228）　300ml
板ゼラチン（冷水に浸けてふやかす）　6g

1 コンポートの煮汁（濾したもの）の一部（約50ml：ゼラ
　チンを溶かせる程度の量）をボウルに入れ、湯せんにし
　て温め、ふやかした板ゼラチンを入れる（写真1）。
2 ヘラで混ぜて完全に溶かし、残りの煮汁と合わせる（写
　真2）。
3 氷水に当てて混ぜながら冷やし、バットに流す。冷蔵
　庫に入れて冷やし固める。

❖ ジュレを固めるときは、型やバットを水でぬらしてビ
　ニールやラップフィルムを貼り付けておくと、ジュレ
　を取り出したり、切ったりするときに扱いやすい。

自由自在に曲げられる
パールアガーのブルーベリージュレ

ブルーベリーのコンポートの煮汁（P.228）　200ml
パールアガー（P.268）　12g
グラニュー糖　12g

1 ボウルにパールアガーとグラニュー糖を入れて混ぜ合
　わせておく。グラニュー糖を混ぜるのは、パールアガ
　ーを液体材料に分散させやすくするため。
2 鍋にブルーベリーのコンポートの煮汁（濾したもの）を
　入れて沸かす。
3 2の沸かした煮汁の一部を1のボウルに注ぎ入れ（写真
　1）、ダマにならないようによく溶かす。これを残りの
　煮汁と合わせる。
4 バットに3を薄く流す。冷まして固める。

コンポートをムースに展開する

ムースの味を決めるのは、フルーツのピュレ。
コンポートをストックしておけば、いつでもピュレがつくれ、ムースへの展開もたやすい。

ふんわり口溶けのよい
ブルーベリーのムース

ブルーベリーのコンポート（P.228） 110g
ブルーベリーのコンポートの煮汁（P.228） 40g
板ゼラチン（冷水に浸けてふやかす） 4g
キルシュ 8g
8分立ての生クリーム（乳脂肪分38％） 100g
ムラング・イタリエンヌ（P.267） 40g

1 ブルーベリーのコンポートとその煮汁（濾したもの）をミキサーに入れ、撹拌
　してピュレにする（写真1）。
2 1のピュレの一部（約50ml：板ゼラチンを溶かせる程度の量）をボウルに取り、
　湯せんで温め、ふやかした板ゼラチンを入れる。
3 ヘラで混ぜて完全に溶かし、残りのピュレと合わせ、キルシュを混ぜ入れる。
4 8分立ての生クリームに3を混ぜ入れる（写真2）。
5 ムラング・イタリエンヌと混ぜる（写真3）。

コンポートをソルベ / アイスクリームに展開する

コンポートはソルベやアイスクリームにも展開できる。
ミキサーで撹拌してピュレをつくり、あとは副材料を加えてアイスクリームマシンにかけるだけ。

ヨーグルトが隠し味
ブルーベリーのソルベ

ブルーベリーのコンポート（P.228）　275g
ブルーベリーのコンポートの煮汁（P.228）　225g
グラニュー糖　適量
ビドフィックス（P.268）　7g
ヨーグルト　50g

1 ブルーベリーのコンポートとその煮汁（濾したもの）を
　ミキサーに入れ、撹拌してピュレにする（写真1）。
2 1のピュレにグラニュー糖を加えて糖度をブリックス
　22％にする。
3 ボウルにビドフィックスと同量のグラニュー糖を入れ
　て混ぜ合わせる。グラニュー糖を混ぜるのは、ビドフ
　ィックスを液体材料に分散させやすくするため。
4 2のピュレの一部を3に注ぎ入れ（写真2）、よく混ぜて
　溶かす（写真3）。これを残りのピュレと合わせる。
5 ヨーグルトを混ぜ入れる。
6 アイスクリームマシンにかける。

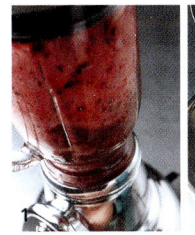  

シックでリッチな
ブルーベリーのアイスクリーム

ブルーベリーのコンポート（P.228）　275g
ブルーベリーのコンポートの煮汁（P.228）　225g
牛乳　900ml
ヴァニラビーンズ　1本
卵黄　13個
グラニュー糖　230g
ビドフィックス（P.268）　7g
6分立ての生クリーム（乳脂肪分38％）　300ml

1 ブルーベリーのコンポートとその煮汁（濾したもの）を
　ミキサーに入れ、撹拌してピュレにする。
2 鍋に牛乳を入れ、種子をこそげ出したヴァニラビーンズ
　をさやごと加え、火にかける。沸騰したら火から下ろす。
3 ボウルに卵黄とグラニュー糖を入れ、もったりとして
　白っぽくなるまで泡立てる。
4 2の牛乳を3に注ぎ入れて混ぜ合わせ、それを鍋に戻し、
　混ぜながら加熱する。とろみがついてきたら火から下
　ろし、濾す。
5 4に1のピュレを混ぜ入れる（写真1）。
6 ボウルにビドフィックスとグラニュー糖（約20g、分量
　外）を入れて混ぜ合わせ、5の一部を注ぎ入れてよく溶
　かし、それを残りの5と合わせる。
7 アイスクリームマシンにかけ、全体にとろみがついて
　きたら、6分立ての生クリームを加え（写真2）、最後ま
　で仕上げる。

❖ 容量1リットル以上の大型アイスクリームマシンを使う
　場合は、生クリームはリキッドのまま、マシンにかけ
　る前に混ぜてしまってよい。上記レシピは、容量が1リ
　ットル以下のパワーの小さい小型マシン用。

ソースのデザートメソッド

ソースで描くテクニック

直線、曲線、円、抽象モチーフ——形がリズムを生み、表情をつくる。
ソースをいかに流すかで、デザートの物語性が決まる。

円形
スプーンの先端からソースをまっすぐに落とすだけでも円形はつくれるが、大きな円を描く場合には、スプーンの背で円くなでて広げる。

巴形
スプーンの先端を皿に付けて円くソースを落とし、7割方ソースが落ちたら、スプーンの先端を動かしながら尻尾を出す。

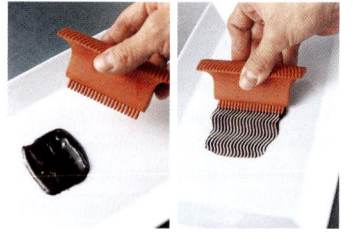

波形
皿にソースを適量落とし、デコレーションコームで波状にのばす。

太い線
スプーンを横向きに立てて皿に当て、ソースを落としながら動かす。

細い線
コルネで絞ると細い線が描ける。
❖コルネ：紙などで小さな円錐をつくり、空気が入らないようにソースを詰め、先端を切る。

曲線
やや高めの位置から、スプーンの先端を通してソースを落とす。手許を微妙に動かすだけで、繊細な曲線模様が描ける。

野菜・ハーブのソース

デザートに野菜のソース？ ハーブのソース？ と思うなかれ。
息をのむような美しい色が生まれるのだから。どんなデザートに使うかはアイデア次第。

天然色の美しさ
紫いものソース

紫いものピュレ　50g
生クリーム（乳脂肪分42％）　10g
シロップ（糖度ブリックス22％）　60g

1 紫いものピュレに生クリームを加
　え（写真1）、混ぜ込む。
2 シロップを注ぎ（写真2）、溶きの
　ばす。

❖ 紫いものピュレは、紫いもを皮
　付きのままやわらかくなるまで蒸
　し、皮をむいて裏濾ししたもの。

味も香りも、色もフレッシュ
カモミールのソース

カモミール　100g
シロップ（糖度ブリックス20％）　200ml
葛粉　適量

1 カモミールは塩を加えた沸騰湯で
　ゆで、冷水に取って色止めする。
　水気を絞り、粗くきざむ（写真1）。
2 ミキサーに1のカモミールとシロ
　ップを入れて攪拌する（写真2）。
　目の細かい濾し器で濾す。
3 鍋で沸かし、水溶きした葛粉を加
　えてとろみをつける（写真3）。

❖ 葛粉は沸騰させないと完全に溶け
　ないので、溶かし終わるまで沸騰
　状態を保つ。水溶き葛粉の分量は、
　液体材料の5％が目安。

さわやかで甘い透明感
ミントの水飴ソース

ミントの葉　適量
水飴　適量

1 ミントの葉は、みじん切りにする
　（写真1）。
2 水飴がかたければ、湯せんで温め
　てゆるくもどし、1のミントの葉
　を加えて混ぜる（写真2）。

キャラメルソースを展開する

砂糖は煮詰める温度で、色も風味も変わる。白い粉が透き通った飴になり、やがてうっすらと金色に色づき、
金色から褐色へと色を深めていく。透明感があるので、副材料で色を重ねても美しく発色する。

透き通った繊細な金色

キャラメルソース

グラニュー糖　100g

水　75g

1 鍋にグラニュー糖と水の半量を入れ（写真1）、強火にか
　ける。100℃を過ぎたら火を弱め、160℃になるまで煮
　詰める（写真2）。
2 火から外し、残りの水を加える（写真3）。
3 再び火にかけて溶きのばす（写真4）。

❖ 水を加えたときに、煮詰まった熱い飴が飛び散ること
　があるので、火傷に注意する。

グレナデンシロップであでやかな緋色に

グレナデンキャラメルソース

グラニュー糖　150g

水　15g

グレナデンシロップ　100ml

1 鍋にグラニュー糖と水を入れ、強火にかける。100℃を
　過ぎたら弱火にし、170℃になるまで煮詰める。
2 火から外してグレナデンシロップを加え（写真1）、再び
　火にかけて溶きのばす。

❖ グレナデンシロップの分量を減らすと、ソースが淡い
　ピンク色になり、それもまた美しい。

マロン＋生クリーム＋バターでリッチに

キャラメルマロンソース

グラニュー糖　110g
水飴　30g
生クリーム（乳脂肪分38％）　150g
バター　80g
パート・ド・マロン※　全体の１割
※フランス製加糖マロンペースト。

1 鍋にグラニュー糖と水飴を入れ、強火にかける。100℃を過ぎたら弱火にし、170℃になるまで煮詰める。
2 火から外して生クリームを120g分加える（写真1）。
3 バターも加え（写真2）、再び火にかけて全体を混ぜる。
4 パート・ド・マロンに残りの生クリーム（30g）を混ぜて溶かしやすい状態にしておき、そこに3を注いで溶きのばす（写真3）。

オレンジを香らせ、金箔でアクセント

オレンジの香りのキャラメル金箔ソース

グラニュー糖　100g
水　15g
オレンジキュラソー　125g
金箔　適量

1 鍋にグラニュー糖と水を入れ、強火にかける。100℃を過ぎたら弱火にし、160℃になるまで煮詰める。
2 火から外してオレンジキュラソーを加え（写真1）、再び火にかけてアルコール分を飛ばしつつ溶きのばす。
3 金泊を加え（写真2）、混ぜて細かく散らす。

※オレンジキュラソーを加えると、アルコール分が燃えて炎が上がるので注意する。

チョコレートソースを展開する

チョコレートはデザートの王様。ソースに仕立てても、その存在感は圧倒的。
ボディがしっかりしているので、様ざまな副材料を受けとめられる。

ベルベットのようにつややか

チョコレートソース

チョコレート（カカオ分66％）　75g
ココアパウダー　75g
シロップ　グラニュー糖300g＋水270g

1 チョコレートは細かくきざみ、ココアパウダーととも
　にボウルに入れる（写真1）。
2 グラニュー糖と水を沸かしてシロップをつくり、1に少
　しずつ混ぜ入れる（写真2）。
3 気泡が入らないように静かに混ぜて溶かす（写真3）。濾
　して使う。

真綿のようにデリケート

ヴァニラホワイトチョコレートソース

ホワイトチョコレート　50g
シロップ（糖度ブリックス25％）　50g
生クリーム（乳脂肪分38％）　50g
ヴァニラビーンズ（種子のみ）　少量

1 ホワイトチョコレートは細かくきざんでボウルに入れ
　（写真1）、湯せんで溶かす。（液体材料の分量がチョコ
　レートを溶かすのに十分でない場合は、チョコレート
　を湯せんで溶かしておく）
2 シロップと生クリームを鍋に入れて沸かし、1に混ぜ入
　れる（写真2）。
3 濾してヴァニラビーンズを少量混ぜる。

甘酸っぱいフランボワーズでフェミニンに

チョコレートとフランボワーズのソース

チョコレートソース（上記）　100g
フランボワーズピュレ　20g
オー・ド・ヴィ・ド・フランボワーズ　5g

1 フランボワーズピュレにオー・ド・ヴィ・ド・フラン
　ボワーズ（ラズベリーの蒸留酒）を混ぜる（写真1）。
2 1にチョコレートソースを混ぜ入れる（写真2）。

コニャックでエレガントに

コニャック風味のチョコレートソース

チョコレートソース（上記）　100g
コニャック　5g

1 チョコレートソースに5％量のコニャックを混ぜ入れる
　（写真1）。

✤ コニャックの香りを立たせたいときは、チョコレート
　ソースが熱いうちにコニャックを混ぜるとよい。
✤ コニャックのほか、ラム酒もよく合う。

アングレーズソースを展開する

アングレーズソースは、フルーツともチョコレートとも相性のよいオールマイティなソース。
アイデア次第でいろいろな展開ができる。

オールマイティな名脇役
アングレーズソース

牛乳　175g
生クリーム（乳脂肪分38%）　75g
ヴァニラビーンズ（さやごと）　1/2本
卵黄　60g
グラニュー糖　50g

1 鍋に牛乳と生クリームを入れ、ヴァニラビーンズの種子をこそげ出して加える（写真1）。さやも入れる。沸騰したら火から下ろす。
2 卵黄とグラニュー糖をボウルに入れ、もったりとして白っぽくなるまで泡立てる（写真2）。
3 1の牛乳を2に少量ずつ混ぜ込んでいく（写真3）。
4 3を鍋に戻し、中火にかけて混ぜながら加熱する。とろみがついたら濾す（写真4）。
5 氷水に当てて冷ます。

オレンジの酸味と香りがアクセント
オレンジアングレーズソース

アングレーズソース（左記）　200g
オレンジ果汁　100g
オレンジの皮　少量

1 オレンジ果汁を1/5量に煮詰め、冷ましておく。オレンジの皮はすりおろす（写真1）。
2 1の果汁と皮をアングレーズソースに混ぜ入れる。

ふわふわ、アワアワ、ソフトなタッチ
フォームドアングレーズソース

アングレーズソース（左記）　200g
牛乳　20g

1 アングレーズソースに1割量の牛乳を加えて軽く温め、ハンドブレンダーで泡立てる（写真1）。

❖1割量程度のコニャックを加えても、香りが立ってよい。

フルーツソースを展開する

フレッシュフルーツでつくる香り高いソースは、少量でも凛と際立ち、デザートに焦点を与えてくれる。
副材料で変化させ、一皿の中に微妙なグラデーションをつくるのも楽しい。

いちごのフレッシュ感そのもの
いちごのソース

いちご　正味220g
グラニュー糖　適量

1 いちごはフードプロセッサーにか
　けてジュース状にする。（フード
　プロセッサーはミキサーにくらべ
　て気泡が入りにくく、いちごの赤
　い色がくっきりと出る）
2 1のジュースを容器に移してしば
　らく置き、水分を分離させて取り
　除く。残ったものが、いちごのピ
　ュレ。
3 糖度がブリックス20%になるまで
　グラニュー糖を加え混ぜ、濾す（写
　真1）。

ミルキー & フレッシュ
クレーム・ラフィネと
いちごのソース

クレーム・ラフィネ　10g
グラニュー糖　13g
いちごのピュレ　40g

1 クレーム・ラフィネにグラニュー
　糖を混ぜる。
2 1にいちごのピュレを混ぜ入れる
　（写真1）。

❖ クレーム・ラフィネは乳酸発酵さ
　せた生クリーム（乳脂肪分35%、
　中沢乳業製業務用）。
❖ いちごのピュレは、いちごのソー
　ス（左記）の工程2の状態。

ヨーグルトの酸味でさわかやかに
いちごヨーグルトソース

ヨーグルト　20g
グラニュー糖　10g
いちごのピュレ　30g

1 ヨーグルトは水気が多いタイプな
　ら、シノワで水気を切っておく。
　ヨーグルトにグラニュー糖を混ぜ
　る。
2 1のヨーグルトにいちごのピュレ
　を混ぜ入れる（写真1）。

❖ いちごのピュレは、いちごのソー
　ス（左記）の工程2の状態。

エスプレッソ、チーズ、ナパージュのソース

エスプレッソ、チーズ、ナパージュも、ソースのベースに活用できる。
見た目ではイメージできなくても、舌にのせれば納得の組み合わせ。デザートに新しい視点が加わる。

ほろ苦くてナッティー

エスプレッソとアマレットの ソース

アマレット　100g
グラニュー糖　30g
エスプレッソ　30g
葛粉　適量

1 鍋にアマレットとグラニュー糖を
　入れ、沸騰させてアルコール分を
　飛ばす（写真1）。
2 エスプレッソを混ぜ入れる（写真
　2）。
3 水溶きした葛粉を加えてとろみを
　つける（写真3）。濾す。

❖ 水溶き葛粉は一度に加えず、と
　ろみ加減をみながら少量ずつ加え
　る。加える分量は、液体材料の5
　％が目安。

やさしい酸味と清涼感

フロマージュブランの ミントソース

シロップ（水1：グラニュー糖2）　200ml
ミント　20g
板ゼラチン（冷水に浸けてふやかす）　2g
フロマージュブラン（乳脂肪分40％）
　40g

1 鍋でシロップを沸かしてミントを
　入れる（写真1）。ふたをして、火
　から下ろして3分間置く。
2 1にふやかした板ゼラチンを入れ
　て溶かし、氷水に当てて冷まし、
　濾す。
3 フロマージュブランに2を混ぜ入
　れる（写真2）。

ケシとディルがアクセント

ケシ＆ディルの ナパージュソース

ナパージュ（アプリコット）　100g
ケシの実　小さじ約1/4
ディルの実（きざむ）　少量

1 ナパージュにケシの実ときざんだ
　ディルの実を混ぜ入れる（写真1）。

ソースにとろみをつけるテクニック

葛粉は沸騰させないと溶けないため、加熱しても風味が落ちにくいソースに適しており、
ゼラチンは低めの温度でも溶けるため、フレッシュ感を生かしたいソースに適している。

植物性材料を使いたいときは
葛粉でとろみをつける

1 葛粉と水を5：3程度の割合で合わせておく（写真1）。
2 鍋に液体材料を入れて沸かす（写真2）。
3 水溶きした葛粉を少量加えては泡立て器でよく混ぜ、とろみをつけていく（写真3）。
4 葛粉がダマになって残ることがあるので、濾して使う（写真4）。

❖ 葛粉は沸騰させないと完全に溶けないので、溶かし終わるまで沸騰状態を保つ。
❖ 水溶き葛粉は一度に加えず、とろみ加減をみながら少量ずつ加える。加える分量は、液体材料の5％が目安。

フレッシュ感を生かしたいときは
ゼラチンでとろみをつける

1 板ゼラチンは冷水に浸けてふやかしておく（写真1）。
2 液体材料をごく軽く温め（湯せんでもよい）、ふやかした板ゼラチンの水気をよく切って加える（写真2）。
3 ヘラで混ぜて完全に溶かす（写真3）。
4 氷水に当て、とろみがつくまで混ぜながら冷ます（写真4）。

❖ ゼラチンの量の目安は、ソースの場合、液体材料100gに対し1g前後。

ジュレのデザートメソッド

ジュレを展開する

ゼラチンでジュースを固めるのがジュレの基本技法だが、ゼラチンの分量を増減したり、いったん固めたものをくずしたり、ソーダサイフォンで噴出したりすることで、テクスチャーも見た目も見事に変わる。

ジュースの風味を生かす基本のジュレ
柚子のジュレ

柚子ジュース（右記）　200g
板ゼラチン　4g

1　板ゼラチンは、あらかじめ冷水に浸けてふやかしておく（写真1）。
2　ボウルに柚子ジュースの一部（約50ml：ゼラチンを溶かせる程度の量）を入れ、湯せんにして温め、1のゼラチンの水気を切って入れる（写真2）。混ぜて完全に溶かす。
3　2のジュレ液を残りの柚子ジュースと合わせる（写真3）。
4　型や器に流し（写真4）、冷蔵庫で冷やし固める。

✣　フレッシュフルーツジュースを使う場合は、加熱するとフレッシュ感が失われるため、全量を温めず、一部だけ温める。またゼラチンは低めの温度でも溶けるので、温度を上げすぎない。
✣　型を水でぬらしてラップフィルムやビニールを貼り付けておくと、ジュレを取り出したり、切ったりするときに扱いやすい。

コンポートでつくる
柚子ジュース

シロップ（糖度ブリックス23％）　2L
サフラン　少量
くちなしの実　2個
レモン（スライス）　2個分
本柚子（熟したもの）　12個

1　シロップを沸かし、サフランとくちなしの実を入れる。シロップが黄色になったらレモンを入れ、1～2分間沸かす。
2　1に柚子を入れ、火から下ろしてそのまま冷ます。冷蔵庫に入れて3日間マリネする（写真1）。
3　2の煮汁を濾してジュースとして使う（写真2）。

✣　サフランとくちなしの実は、ジュースを黄色に着色するための植物性天然着色材料。

ふうわり軽く、雪のように
柚子のネージュ

柚子ジュース（P.246） 200g
板ゼラチン（冷水に浸けてふやかす） 6g

1 ボウルに柚子ジュースの半量を入れ、湯せんにして温め、ふやかした板ゼラチンを入れて溶かす。
2 氷水に当て、とろみがつくまで混ぜながら冷やす。
3 2を泡立て器で攪拌して細かい気泡をたくさんつくる（写真1）。これを冷蔵庫で冷やし固めると、気泡の状態のまま固まる（写真2）。
4 提供する直前に、3を泡立て器で攪拌しながら残りの柚子ジュース（室温程度）を混ぜ入れる（写真3）。

なめらかなミルキージュレ
柚子とフロマージュブランのジュレ

柚子ジュース（P.246） 200g
板ゼラチン（冷水に浸けてふやかす） 5g
フロマージュブラン（乳脂肪分40％） 50g

1 ボウルに柚子ジュースの一部（約60ml：ゼラチンを溶かせる程度の量）を入れ、湯せんにして温め、ふやかした板ゼラチンを入れて溶かす。
2 1のジュレ液を残りの柚子ジュースと合わせる。
3 2をフロマージュブランに混ぜ入れる（写真1）。
4 型に流して冷やし固める（写真2）。

ジュレ？ ムース？ エスプーマ！

柚子のエスプーマ

柚子ジュース（P.246） 600g

葛粉 26g
水 50g

板ゼラチン（冷水に浸けてふやかす） 4g

1 鍋に柚子ジュースを入れて沸かし、水溶きした葛粉を
　加えてとろみをつける（写真1）。
2 火を止めて、ふやかした板ゼラチンを入れて（写真2）溶
　かす。ボウルに濾し入れる。
3 氷水に当て、とろみがつくまでヘラで混ぜながら冷や
　す（写真3）。
4 冷蔵庫で十分に冷やすと、しっかりとしたとろみがつ
　く（写真4）。
5 4をヘラでよくかき混ぜてコシを切り、ソーダサイフォ
　ンに注ぎ入れ（写真5）、ガスを注入する。
6 よく振ってから絞り出す（写真6）。

∴ 葛粉とゼラチンを併用すると、高めの室温で提供して
　も泡の状態が保てる。とろんとした食感も特長。

変幻自在に曲げられる新しいジュレ

ピスタチオのジュレ

パールアガー（P.268） 6g
グラニュー糖 15g
水 100ml
塩 1つまみ
ピスタチオ（みじん切り） 4g

1 パールアガーとグラニュー糖を混ぜ合わせる（写真1）。
　グラニュー糖と混ぜることで、パールアガーが液体中
　に分散しやすくなる。
2 鍋に水と塩を入れて沸かす。1を加え（写真2）、混ぜて
　溶かす。再沸騰して完全に透き通れば火を止める。
3 みじん切りのピスタチオを混ぜる（写真3）。
4 バットに流し（写真4）、1〜2mm厚さになるように広
　げる（写真5）。冷まして固める。

∴ バットを水でぬらし、ビニールを敷いておくと、ジュ
　レを取り出したり、切ったりするときに扱いやすい。

クレーム・パティシエールのバリエーション

クレーム・パティシエールを展開する

こくのある風味、とろんとした重めのテクスチャー
──クレーム・パティシエールはボディがしっかりしているので、副材料で変化をつけやすい。

懐の深い、リッチなクリーム
クレーム・パティシエール

牛乳　250g
ヴァニラビーンズ　1/2本
バター　10g
卵黄　3個
グラニュー糖　67g
薄力粉　12g
プードル・ア・クレーム　8g

1 鍋に牛乳を入れ、ヴァニラビーンズの種子をこそげ出してさやごと加え、バターも入れて火にかける（写真1）。沸騰したら火から下ろす。
2 ボウルに卵黄とグラニュー糖を入れ、もったりと白っぽくなるまで泡立てる（写真2）。
3 薄力粉とプードル・ア・クレームを合わせてふるい、1/3量ずつ2に混ぜ入れる（写真3）。
4 1の牛乳を3〜4回に分けて3に混ぜ入れる（写真4）。
5 濾して鍋に移し、強火で絶えず泡立て器で混ぜながら加熱する。なめらかなとろみがつき、つやが出てきたらできあがり。
6 バットに移して粗熱を取り、冷蔵庫で保管する。使用するときは、冷え固まったものを混ぜてなめらかに戻す。

ジャスミン茶でオリエンタルに
ジャスミン茶の
クレーム・パティシエール

牛乳　300g
ヴァニラビーンズ　1/2本
バター　10g
ジャスミン茶葉　17g
卵黄　3個
グラニュー糖　67g
薄力粉　12g
プードル・ア・クレーム　8g

1 鍋に牛乳を入れ、ヴァニラビーンズの種子をこそげ出してさやごと加え、バターも入れて火にかける。沸騰したらジャスミン茶葉を加える（写真1）。ふたをして火から下ろし、3分ほど置いて蒸らす。
2 クレーム・パティシエール（左記）の2〜6と同様につくる。

❖ アールグレイや他のフレーバーティーを使ってもよいし、ココナッツフレークでも応用可能。

ムラング・イタリエンヌで軽く

**軽いクレーム・
パティシエール**

クレーム・パティシエール（P.250）
　100g
ムラング・イタリエンヌ（P.267）　20g

1 クレーム・パティシエールにムラング・イタリエンヌの1/3量を加え（写真1）、よく混ぜ合わせる。
2 残りのムラング・イタリエンヌを加え、メレンゲの気泡をつぶさないようにふんわりと合わせる（写真2）。

❖ クレーム・パティシエールはテクスチャーが重めだが、このように軽くアレンジすると、繊細な素材にも合わせやすくなる。

エスプレッソで強く、濃く

**クレーム・パティシエール・
オ・キャフェ**

クレーム・パティシエール（P.250）
　100g
エスプレッソ　4g
インスタントコーヒーの粉　2g
6分立ての生クリーム（乳脂肪分48％）
　15g

1 エスプレッソにインスタントコーヒーの粉を溶かす。
2 1をクレーム・パティシエールに混ぜ入れる（写真1）。
3 2に6分立ての生クリームを加え（写真2）、混ぜ合わせる。

シロップでクイックチェンジ

**ストロベリー・クレーム・
パティシエール**

クレーム・パティシエール（P.250）
　100g
ストロベリーシロップ（市販）　10g

1 クレーム・パティシエールにストロベリーシロップを混ぜ入れる（写真1）。

❖ 市販のシロップのなかには、天然材料を原料とするものもあり、種類も豊富。

ムースのデザートメソッド

ムースはベースを使い分ける

ムースのベースはクリームやメレンゲ。気泡をたっぷり含んだベースをゼラチンで固めることで、
もわんとした弾力感が生まれる。味を決めるのは、フルーツピュレやジュース。

生クリームをベースに使う
いちごのムース

いちご　正味150g
グラニュー糖　適量
板ゼラチン（冷水に浸けてふやかす）　4g
ストロベリーリキュール　15g
7分立ての生クリーム（乳脂肪分38%）　105g

1 いちごをフードプロセッサーにかけてピュレにし、糖
　度がブリックス23%になるまでグラニュー糖を混ぜる。
2 ボウルにふやかした板ゼラチンとストロベリーリキュ
　ールを入れる（写真1）。リキュールだけではゼラチンを
　溶かしきれないので、生クリームの一部を加え、湯せ
　んにしてゼラチンを溶かす。
3 2を1のいちごピュレに混ぜ入れる（写真2）。氷水に当
　て、とろみがつくまで混ぜながら冷やす。
4 7分立ての生クリームと合わせる（写真3）。

❖ 生クリームをベースに使うと、脂肪分のこくが加わる分、
　味に厚みが出る。ただし、淡い風味のフルーツに合わ
　せるとフルーツが負けてしまう。
❖ ホイップクリームの気泡は、安定感の面ではムラング・
　イタリエンヌに負けるが、フワッともろいテクスチャ
　ーが魅力。

ムラング・イタリエンヌをベースに使う
柚子のムース

柚子ジュース（P.246）　100g
板ゼラチン（冷水に浸けてふやかす）　2g
7分立ての生クリーム（乳脂肪42%）　20g
ムラング・イタリエンヌ（P.267❖）　40g

1 ボウルに柚子ジュースとふやかしたゼラチンを入れ、湯
　せんにして溶かす。氷水に当てて混ぜながら冷ます。
2 1を7分立ての生クリームに混ぜ入れる。
3 2をムラング・イタリエンヌと合わせる（写真1）。

❖ ここで使ったムラング・イタリエンヌは、シロップの
　水を柚子ジュースで置き換えたもの。
❖ ムラング・イタリエンヌをベースに使ったムースは、
　気泡の安定感が抜群で、やわらかな中にもしっかりと
　した弾力感が出る。淡い風味のフルーツの持ち味も十
　分に生かせる。

1

クレーム・パティシエールをベースに混ぜる

パイナップルのムース

パイナップルピュレ　95g
板ゼラチン（冷水に浸けてふやかす）　2g
クレーム・パティシエール（P.250）　43g
7分立ての生クリーム（乳脂肪分38％）　68g

1　ボウルにパイナップルピュレとふやかしたゼラチンを
　　入れ、湯せんにして溶かす。氷水に当てて混ぜながら
　　冷ます。
2　クレーム・パティシエールに1を混ぜ入れる（写真1）。
3　7分立ての生クリームと合わせる。

❖　クレーム・パティシエールを混ぜ入れたムースは、む
　　ちっとした重量感が魅力。シューやミルフイユなどの
　　かたい生地には、このくらいボディのあるムースの方
　　が合う。クレーム・パティシエールの風味に負けない
　　ような、味の強いフルーツを合わせたい。

ムースの使い方

❖　グラスに複数のムースやジュレを流し重ねる→P.206
❖　型の底にカットしたフルーツを並べてムースを流し（写
　　真1）、ジェノワーズやビスキュイ・ジョコンドなどの
　　生地をのせて冷やし固める。これを上下を返して盛り
　　付けると、フルーツの美しい断面が表面にきれいに並
　　ぶ→P.16、160

アイスクリーム、ソルベ、グラニテのテクニック

冷菓のフレッシュネス、テクスチャー

アイスクリームやソルベは、つくり立てが一番おいしい。
口溶けのよさも重要な要素で、増粘安定剤を使うとまったりとしたテクスチャーに仕上がる。

基本アイテムこそ美味に
ヴァニラアイスクリーム

牛乳　500g
ヴァニラビーンズ　1.5本
グラニュー糖　110g
ビドフィックス❖　2.5g
卵黄　6個
生クリーム（乳脂肪分45％）　150g
❖ 増粘安定剤の商品名（P.268）。

1 鍋に牛乳を入れ、ヴァニラビーンズの種子をこそげ出してさやごと入れ（写真1）、火にかける。沸いたら火から下ろす。
2 ボウルにグラニュー糖を入れ、ビドフィックスを加えて（写真2）よく混ぜる。ビドフィックスは粉末材料と合わせておくと、液体材料に分散させやすい。
3 別のボウルに卵黄を入れて溶きほぐし、2を加える（写真3）。もったりとして白っぽくなるまで泡立てる（写真4）。
4 1の牛乳を3に少量ずつ混ぜ入れる（写真5）。
5 濾して鍋に移し、火にかけて混ぜながら83℃になるまで加熱する（写真6）。
6 氷水に当てて粗熱を取り、生クリームを混ぜる（写真7）。
7 アイスクリームマシンにかける。

ラグビーボール形にすくう

1 湯で温めたスプーンをアイスクリームに対して立てて当て、まず片側から少々掘り起こす（写真1）。
2 スプーンを返して逆方向からも掘り起こす（写真2）。
3 スプーンの向きをやや上に向けてそのまま斜め上にすくい上げる（写真3）。

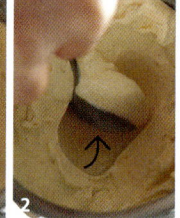
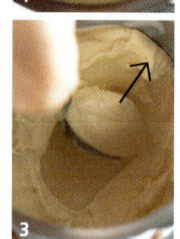

フレッシュいちごのおいしさそのもの
いちごのソルベ

いちご　正味1kg
シロップ（糖度ブリックス32%）　200g
グラニュー糖　適量
ビドフィックス✧　12g
✧増粘安定剤の商品名（P.268）

1 いちごはフードプロセッサーに入れ、シロップを加え
　ながら回してピュレにする（写真1）。さらにグラニュー
　糖を混ぜて糖度をブリックス20%にする（写真2）。
2 ボウルにビドフィックスと3倍量程度のグラニュー糖を
　入れて混ぜ合わせる。
3 2のボウルに1のいちごピュレの一部を加え（写真3）、
　よく混ぜて溶かす。
4 3を残りのいちごピュレと合わせる（写真4）。
5 アイスクリームマシンにかける（写真5）。

完熟柿のねっとりした甘さをシャリッと
柿のグラニテ

完熟柿の果肉　1kg
シロップ（糖度ブリックス15%）　650g

1 ミキサーで柿の果肉を攪拌してピュレにし、濾す（写真
　1）。
2 シロップを混ぜ入れる（写真2）。
3 冷凍容器に入れて冷凍庫で凍らせる。スプーンでかき
　取る。

付け合わせのバリエーション

花を使った付け合わせ

花は美しさのシンボル。皿の片隅にそっと添えるだけで、全体の印象が変わる。
せっかくデザートに添えるのだから、もちろん演出も甘く。

透明な飴に閉じ込められた花
花のキャラメルクリスタリン

パラチノース❖　適量
花　適量
❖ダイエットシュガーの商品名（P.268）

1　花（または花びら）は、本で挟んで押し花にする（写真1）。
2　シルパットの上に型を置き、パラチノースを薄く敷き詰める（写真2）。
3　上からもシルパットをかぶせ（写真3）、重しの鉄板をのせ、180℃のオーヴンで8分ほど焼く。
4　上のシルパットをはがし、透明になった飴の上に1の押し花をのせ（写真4）、シルパットをかぶせて180℃のオーヴンで2分ほど焼く。

❖ダイエットシュガーを使うと、もろい食感の飴がつくれる。

花に永遠の命を
花のクリスタリゼ

花　適量
卵白　1個分
レモン汁　4〜5滴
グラニュー糖　適量

1　卵白のコシをよく切り、レモン汁を混ぜる。
2　花の茎をつまんで1の卵白液をつける（写真1）。
3　別のボウルに取ってグラニュー糖をかけ（写真2）、全体にまぶす。
4　茎を糸で結び、乾燥した場所に吊して3日ほど乾燥させる（写真3）。

フルーツと野菜のチップ

チップは見た目の演出効果もさることながら、硬質な食感でデザートにリズムを与える。
ごく薄くスライスすると、パリンと割れる軽やかなチップになる。

シロップでマリネして乾燥焼き
パイナップル、りんごのチップ

パイナップル、りんご　各適量
シロップ（糖度ブリックス18%）　適量
粉糖　適量

1 パイナップルもりんごも、できるだけ薄くスライスする。パイナップルは、スライサーを使うと切りやすい（写真1）。
2 シロップを30〜40℃に温め、1のパイナップルとりんごを別々に漬ける。冷めたら冷蔵庫に入れて2日ほどマリネする（写真2）。
3 シルパットの上に並べ（写真3）、90℃のオーヴンで1時間30分ほど焼く。
4 好みで粉糖をふる（写真4）。

揚げてつくるスイートベジチップ
ビーツ、にんじんのチップ

ビーツ、にんじん　各適量
揚げ油（なたね油）　適量
ヴァニラシュガー　適量

1 ビーツとにんじんは皮をむき、繊維を裁ち切る方向にできるだけ薄くスライスする。下ゆでして水気をよく取る（写真1）。
2 低めの温度で揚げ（写真2）、油を切ってヴァニラシュガーを全体にまぶす（写真3）。

❖ ヴァニラシュガーは、グラニュー糖にヴァニラビーンズを埋めて密封し、香りを移したもの。

生地の小物

小麦粉生地は配合を変化させやすく、
薄く焼けば、曲げたり巻いたり、形づくるのもかんたん。葉や花も思うままに。

ごまをアクセントに
ココア風味のセサミテュイル

グラニュー糖　100g
薄力粉　12g
ココアパウダー　4g
水　40g
溶かしバター（室温に冷ます）　60g
白・黒ごま（軽く煎る）　各適量

1 グラニュー糖、薄力粉、ココアパウダーを合わせてふるい、ボウルに入れる。水を加えて十分に混ぜる。
2 溶かしバターを混ぜ入れ、冷蔵庫で3時間ほど休ませる。
3 生地をスプーンですくい、シルパットの上に直径4cmほどの円形にのせる（写真1）。
4 180℃のオーヴンで5分ほど焼き、いったん取り出して白・黒ごまを散らし（写真2）、さらに3分ほど焼く。

ムースを詰めたり、クリームを詰めたり
アーモンドテュイルのケース

薄力粉　45g
グラニュー糖　75g
塩　1g
卵白　60g
溶かしバター（室温に冷ます）　25g
アーモンドスライス　50g

1 薄力粉、グラニュー糖、塩を合わせてふるい、ボウルに入れる。よくほぐしてコシを切った卵白を加え混ぜ、溶かしバターも加えてよく混ぜ合わせる。
2 アーモンドスライスを混ぜ入れ、冷蔵庫で休ませる。
3 プラスティック板を好みの大きさの長方形に切り抜いて型紙をつくる。型紙を使ってシルパットの上に生地を長方形に薄くぬり広げる（写真1）。
4 180℃のオーヴンで8分ほど焼く。
5 熱いうちにめん棒に巻き付け（写真2）、冷えたらめん棒を抜く。

❖ プラスティック板の型紙は、手で押さえる部分を長くしておくと作業がしやすい。

葉巻きのようなロール
シガレット

バター（室温に戻す）　38g
粉糖　50g
卵白　30g
薄力粉　30g

1 室温に戻したバターと粉糖をボウルに入れ、よく混ぜ合わせる。
2 よくほぐしてコシを切った卵白を1に少量ずつ混ぜ入れる。
3 薄力粉を加え、グルテンが出ない程度にまんべんなく混ぜ、濾す。冷蔵庫で休ませる。
4 プラスティック板を好みの大きさの楕円形に切り抜いて型紙をつくる。型紙を使ってシルパットの上に生地を楕円形に薄くぬり広げる（写真1）。
5 160℃のオーヴンで8〜10分ほど焼く。
6 熱いうちに太めの丸箸に巻き付け（写真2）、冷えたら箸を抜く。

アーモンド生地のリーフ

クロッキニョールの木の葉

薄力粉　80g
グラニュー糖　100g
アーモンドパウダー　20g
卵白　180g
溶かしバター（室温に冷ます）　25g
生クリーム（乳脂肪分38％）　20g
ココアパウダー　適量

1 薄力粉、グラニュー糖、アーモンドパウダーを合わせてふるい、ボウルに入れる。コシを切った卵白を加えてよく混ぜる。
2 溶かしバターと生クリームを混ぜ入れ、冷蔵庫で休ませる。
3 シルパットの上に生地を少量のせ、パレットナイフで葉の形にぬりのばす（写真1）。
4 残った生地を少量取り、3割量のココアパウダーを混ぜる。これをコルネで絞って葉脈を描く（写真2）。
5 150℃のオーヴンで8〜10分ほど焼く。

スパイシーなブラックフラワー

ココア生地の花

牛乳　100g
卵黄　1個
粉糖　20g
プードル・ア・クレーム　10g
ココアパウダー　5g
しょうが汁　3g
ヴァニラビーンズ（種子のみ）　適量
シナモンパウダー　適量

1 鍋で牛乳を沸かし、火から下ろす。
2 ボウルに卵黄と粉糖を入れ、もったりとして白っぽくなるまで泡立てる。
3 プードル・ア・クレームとココアパウダーを合わせてふるい、2に混ぜ入れる。1の牛乳も混ぜ入れる。
4 濾して鍋に移して強火にかけ、絶えず泡立て器で混ぜながら加熱する。とろみがついてきたら、しょうが汁を混ぜる。
5 ボウルに移して粗熱を取り、ヴァニラの種子とシナモンパウダーを混ぜる。
6 パラフィン紙の上に、直径15cmの円形に薄くぬり広げる（写真1）。
7 パラフィン紙をすぼませてセルクルの中に差し入れる（写真2）。セルクルごと天板にのせ、160℃のオーヴンで20分ほど焼く（写真3）。
8 冷めたらパラフィン紙をはがす（写真4）。

❖ 大きくつくるとP.52で上に飾ったような大輪の花になる。

チョコレートの小物

テンパリングしたチョコレートで小さな付け合わせをつくる。
冷えるとあっという間にかたくなるので、温度調節に気を配り、作業は手早く。

植物の葉で象る
リーフ

1 テンパリングしたチョコレートを
　筆で植物の葉にぬる（写真1）。
2 チョコレートが固まったら葉をは
　がす（写真2）。

差したりのせたり、使い方は自由
細いスティック

1 テンパリングしたチョコレートを
　セロファンシートの上にコルネで
　線状に絞り（写真1）、固まったら
　はがす。

ムースを詰めたり、クリームを詰めたり
円柱ケース

1 セロファンシートで円筒形を展
　開させた長方形の型紙をつくる。
　1.5cmののりしろ（固める時に重ね
　る部分。ぬる時に手でおさえる部
　分も兼ねる）が必要。
2 1の型紙にテンパリングしたチョ
　コレートをぬる（写真1）。のりし
　ろにチョコレートが付着しないよ
　うに、別のセロファンシートでお
　さえながら作業するとよい。
3 チョコレートを内側にしてシート
　を丸め、チョコレートの端同士が
　ぴったりとくっつくようにのりし
　ろを重ねる。セロファンテープで
　留めて固定する（写真2）。
4 チョコレートが固まったら、シー
　トからはがす。

ランダムに折って表情をつける
薄板

1 テンパリングしたチョコレートを
　セロファンシートの上に薄くぬり
　のばす（写真1）。
2 チョコレートが固まったらシート
　からはがし、好みの形に折る（写
　真2）。

チェックのチョコレート
格子模様

1 テンパリングしたチョコレートを
　セロファンシートの上にコルネで
　格子模様に絞り（写真1）、固まっ
　たら好みの大きさに切り分けては
　がす。

飴細工の付け合わせ

飴ほど変幻自在に表情を変える素材はない。
ダイエットシュガーを使うと、もろい食感の食べやすい飴になる。

プラチナ色の糸を紡ぐ
シュクル・フィレ

パラチノース❖　500g
水　200g
❖ダイエットシュガーの商品名（P.268）。

1 鍋にパラチノースと水を入れて強火にかけ、100℃を越えたら火を弱め、170℃になるまで煮詰める。
2 棒2本を台からはみ出させて固定し、その上に1で煮詰めた飴を糸状に何度も往復させて渡す（写真1）。写真の器具は泡立て器の上半分を切ったもの。フォークなどでもよい。
3 手でたぐりよせて好みの大きさにまとめる（写真2）。

クール＆グラッシー、デザートをシャープに演出
シュクル・ティレ

パラチノース❖　500g
水　200g

1 鍋にパラチノースと水を入れ、強火にかける。100℃を越えたら火を弱め、170～175℃になるまで煮詰める。
2 シルパットの上に空け、手で触れられるくらいの温度になったら、引きのばして半分に折る作業をくり返し、白い筋をたくさん入れて白濁させていく（写真1）。
3 ある程度白くなったら、ころがして細長い棒状にし、半分に切ってくっつけてのばす（写真2）。さらに半分に切ってくっつけてのばす作業をくり返し、幅の広い板状にしていく（写真3・4）。
4 飴をライトで温めてのびをよくし、両方から引っぱって薄くのばす（写真5）。
5 直火で熱したナイフで、好みの大きさに切り出す（写真6）。

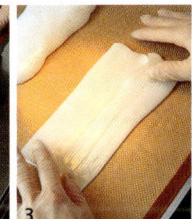
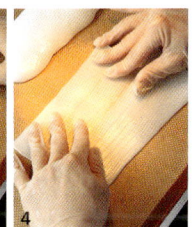

生地の生かし方、使い方

ジェノワーズのデザートテクニック

型の底に敷いたり、アイスクリームの下に敷いたり、
ジェノワーズは見えないところでデザートをサポートする黒子のような存在。

水分を受けとめるクッション
ジェノワーズ

直径18cm×高さ6cmの丸型1台分
全卵　3個
グラニュー糖　110g
薄力粉　110g
溶かしバター　50g

1 ボウルに全卵とグラニュー糖を入れ、もったりとして白っぽくなるまで泡立てる（写真1）。

2 薄力粉をふるい、2に1/3量ずつふり入れ、その都度さっくりと混ぜる。

3 2の少量を溶かしバター（室温に冷ましたもの）に加えてよくなじませる。これを残りの2と混ぜ合わせる。

4 直径18cmの丸型に流し（写真2）、180℃のオーヴンで25〜30分焼く（写真3）。

❖ しっとりとした食感に焼き上げたいときは、写真のように生地を厚く流して焼き、からっとした感じがほしければ、薄く流して焼く。

ジェノワーズの使い方1
型に敷く

薄くスライスして型で抜き（写真1）、型の底に敷いたり（写真2）、側面に貼り付けたりする。

ジェノワーズの使い方2
アイスクリームやソルベの下に敷く

薄くスライスして小さな円に抜き、アイスクリームやソルベの下に敷く（写真1）。

ビスキュイ・ジョコンドのデザートテクニック

ビスキュイ・ジョコンドは、ふんわりやさしいジェノワーズにくらべると、
さっくりとした歯ごたえと口遊びがある。ここではジャスミン茶を混ぜたアレンジタイプを紹介。

エキゾチックな香りが魅力
ジャスミン茶のビスキュイ・ジョコンド

厚さ5mm、30cm×40cm1枚分
ジャスミン茶葉　5g
アーモンドパウダー　100g
粉糖　30g
全卵　2個
8分立てのメレンゲ　卵白100g＋グラニュー糖70g
薄力粉　40g
溶かしバター　25g

1 ジャスミン茶葉はミルで粉砕する（写真1右：茶葉
　左：粉砕した粉）。
2 アーモンドパウダー、粉糖、1のジャスミン茶葉の粉を
　ふるって合わせ、ボウルに入れる。溶きほぐした全卵
　を2〜3回に分けて混ぜ入れ、もったりと白っぽくなる
　まで泡立てる。
3 8分立てのメレンゲの2/3量を2回に分けて2に混ぜ入
　れ、ヘラでさっくりと混ぜる。
4 ふるった薄力粉を加え、ヘラでさっくりと混ぜる
5 残りのメレンゲを加え、軽く混ぜる（メレンゲがところ
　どころに残る程度でよい）。
6 5の一部をすくい取って溶かしバターと混ぜ、これを残
　りの生地と混ぜ合わせる。
7 シルパットの上に厚さ5mm程度にのばす（写真2）。
8 上火210℃、下火200℃のオーヴンで10分ほど焼く（写
　真3）。

ビスキュイをチョコレートでデコレーション
チョコレート模様のビスキュイ

バター（室温に戻す）　50g
粉糖　50g
卵白　50g
薄力粉　50g
ココアパウダー　15g
ビスキュイ・ジョコンド生地　適量

1 ボウルに室温に戻したバターと粉糖を入れ、すり混ぜ
　てクリーム状にする。
2 卵白を溶きほぐしてコシを切り、1に加えてよく混ぜる。
3 薄力粉とココアパウダーを合わせてふるい、2に加えて
　混ぜる。
4 シルパットの上にコルネで格子模様に絞り出し（写真
　1）、冷凍庫に入れて冷やし固める。
5 4のシルパットに、ビスキュイ生地を厚さ5mmくらい
　に流し重ね（写真2）、上火210℃、下火200℃のオーヴ
　ンで10分ほど焼く。
6 紙の上に裏返して置き、シルパットをはがす（写真3）。

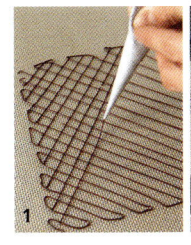  

フイユタージュのデザートテクニック

フイユタージュは焼き方で食感が変えられる。軽い重しをのせて焼けば、層と層の間にほどよく空気が入った
ホロホロ、サクサクのパイになり、重い重しをのせれば、層が詰まって強い食感になる。

ホロホロ、サクサクのパイ
フイユタージュ

中力粉　500g
塩　10g
冷水　220g
バター（室温にもどす）　80g
折り込み用バター（よく冷やす）　370g

1 中力粉を台にのせ、中央をくぼませて塩と冷水を
　入れ、バターも入れる。練らずに全体を混ぜ、ひ
　とまとめにし、ビニールで包んで冷蔵庫で30分
　以上休ませる。
2 折り込み用バターをめん棒で叩いて約20cm角の
　正方形に整え、1の生地は約25cm角の正方形に
　整える。
3 生地のまん中に折り込み用バターを45度ずらし
　てのせ、生地の四隅を中央に折り返して、バター
　を完全に包み込む。これをビニールで包み、冷蔵
　庫で30分以上休ませる。
4 3をめん棒で縦方向に3倍の長さにのばし、3つ
　折りにする。生地の向きを90度回転させ、再び3
　倍の長さにのばし、3つ折りにする。これをビニー
　ルで包んで冷蔵庫で30分以上休ませる。
5 4の要領で3つ折りを2回くり返し、冷蔵庫で休
　ませる。
6 また3つ折りを2回くり返して冷蔵庫で休ませる。
　写真1ができあがった生地。
7 必要量を切り出し、2mm厚さにのばし、ピケする。
8 ホロホロ、サクサクのパイにする場合は、180℃
　のオーブンで10分ほど焼いた後、重しの網をの
　せ（写真2）、さらに10分ほど焼く（P.265写真左）。

ふくらみを押さえてザクッと
強い食感のフイユタージュ

ふくらみを押さえて歯ごたえの強いパイに仕上げる場合は、2mm
厚さにのばしてピケした生地を180℃のオーブンで10分ほど焼い
た後、ベーキングシートをかけて鉄板をのせ、さらに20分ほど
焼く（P.265写真右）。層が詰まってザクッとした強い食感になる。

粉糖をふってキャラメル状に
キャラメリゼしたフイユタージュ

2mmにのばしてピケした生地を180℃のオーヴンで10分ほど焼
いた後、粉糖をたっぷりふり（写真1）、240℃のオーヴンで粉糖
がキャラメル状になるまで焼く（写真2）。

付け合わせ用スティックにアレンジ
フイユタージュのスティック

2mmにのばしてピケした生地を長さ7cmほどの棒状に切り、上
下をシルパットで挟み、180℃のオーヴンで12分ほど焼く。湯せ
んで溶かしたチョコレートを付けたり（写真1）、溶き卵をぬって
スパイスとグラニュー糖をふって焼くなどのアレンジも可能。

パート・シュクレのデザートテクニック

パート・シュクレはカリンと硬質に焼き上がるので、水分の多いクリームやフルーツでも詰められる。
レストランの厨房でも仕込みやすいフードプロセッサーを使った製法を紹介。

なんでも詰められる便利なケース
パート・シュクレ

薄力粉　250g
粉糖　100g
塩　2.5g
バター（1cm角切り）　125g
全卵　1個
卵黄　1個

1 薄力粉、粉糖、塩を合わせてふるい、十分に冷やしておく。バターも十分に冷やしておく。
2 全卵と卵黄をボウルに入れ、溶きほぐしておく。
3 フードプロセッサーに1の材料を入れ（写真1）、スイッチのオン・オフをくり返して断続的に攪拌する。バターのかたまりが小さくなってきたら、連続攪拌する。
4 生地が粉状になったら、ドーナツ状の溝をつくって2の卵を流し入れ（写真2）、さらに攪拌を続ける。溝をつくると卵がフードプロセッサーの側面に付着しにくい。
5 写真3のような状態になったら、取り出して生地を1つにまとめ、ビニールで包み、冷蔵庫で3〜4時間休ませる。
6 必要量を切り出し、2mm厚さにのばし、型で抜く（写真4）。
7 タルトレット型に敷き込み、ピケする（写真5）。
8 空焼きする場合は、160℃のオーヴンで20分ほど焼く。クレーム・ダマンド（P.267）を詰めて焼く場合は（写真6）、25分ほど焼く（写真7）。

ミニャルディーズに仕立てる
ブルーベリーのタルトレット

クレーム・ダマンドを詰めて焼いたパート・シュクレに、クレーム・パティシエール（P.250）を絞り、適宜に切ったブルーベリーを盛り、ミントの葉を添える（写真1）。

本書で使用した基本のクリーム

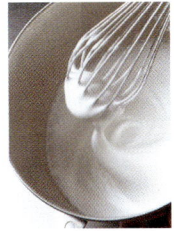

メレンゲ
（ムラング・オルディネール）

卵白　160g
グラニュー糖　60g

1 ボウルに卵白を入れて溶きほぐし
てコシを切る。ドロッとしていた
ものがサラッとすればよい。
2 グラニュー糖を2〜3回に分けて
加えながら泡立てる。

ムラング・イタリエンヌ

シロップ
┌ グラニュー糖　90g
└ 水　30g
卵白　50g
グラニュー糖　10g

1 鍋にシロップ用のグラニュー糖と
水を入れて火にかける。117℃ま
で煮詰めたら、火から下ろす。
2 ボウルに卵白とグラニュー糖10g
を入れて泡立て、途中で1のシロ
ップを細く垂らして混ぜ込んでい
く。冷めるまで泡立て続ける。

ムラング・スイス

卵白　50g
グラニュー糖　100g

1 ボウルに卵白とグラニュー糖を入
れて軽く混ぜ合わせ、中火で加熱
しながら泡立てていく。
2 60℃になったら火から下ろし、冷
めるまで泡立てる。

クレーム・シャンティイ

生クリーム（乳脂肪分42％）　200g
グラニュー糖　用途に応じて6〜10％

1 ボウルに生クリームとグラニュー
糖を入れ、用途に応じた加減に泡
立てる。

✣ そのまま絞って使う場合は完全に
泡立てる（写真左）。ムースなどに
使う場合は、混合する材料の濃度
に合わせる。右の写真は6分立て。

クレーム・ダマンド

バター（室温に戻す）　50g
粉糖　40g
アーモンドパウダー　50g
全卵　45g

1 バターと粉糖をすり混ぜてクリー
ム状にし、アーモンドパウダーを
混ぜ入れる。
2 溶きほぐした全卵を少しずつ混ぜ
入れる。

本書で使用した材料と器具

トレモリーヌ（トレモリン）

転化糖の商品名。白いペースト状。主な原材料はショ糖、ぶどう糖、果糖などの糖類と水分。結晶化しにくく、砂糖にくらべて保湿性を長く維持できるのが特長。本書では、ソルベやガナッシュに使用。製菓材料専門店で取り扱う。

パールアガー8

凝固剤の商品名。白い粉末状。海藻から抽出したカラギーナンを主原料とする。寒天やゼラチンよりも柔軟性に富むジュレがつくれ、くずれたり折れたりしにくいため、表現の自由度が増す。使用時は、砂糖などの粉状材料に混ぜて液体中に分散させやすくする。販売者：株式会社富士商事

プードル・ア・クレーム（カスタードパウダー）

デンプンにヴァニラの香りをつけたもの。クリーム色の粉末状。クレーム・パティシエールなどに混ぜると、なめらかで口溶けのよいクリームに仕上がる。製菓材料専門店で取り扱う。

ブリックス計

糖度を計測するための器具。器具先端のプレートの上に計量する材料をのせ、光に透かして屈折率で糖度を測定。材料に含まれるショ糖重量が百分率（%）で表示される。たとえば水500gに砂糖500gを混ぜてつくったシロップ1kgの糖度は、ブリックス度50%。

ビドフィックス

増粘安定剤の商品名。白い粉末状。主成分はグァーガム（マメ科植物グァーの種子を原料とする多糖類）とぶどう糖。クリームやアイスクリーム、ソルベなどに加えると、粘り気が増して保水性が高まる。使用時は、砂糖などの粉状材料に混ぜて液体中に分散させやすくする。販売者：ユニテックフーズ株式会社

酒石酸

ブドウに含まれる果実酸。白い粉末状。クエン酸やリンゴ酸などと同様に、清涼飲料水や製菓などの酸味付けに使われる。販売者：朝岡スパイス株式会社

ドライハイビスカス

ハーブティーでおなじみの、乾燥させたハイビスカスの花。本書では天然の着色料として使用。シロップなどに加えると、きれいなピンク色が出る。

ロングペッパー

インドネシア産の細長い形状のこしょう。辛さよりも香りが先に立ち、香りが甘やか。輸入業者：株式会社アルカン

ジャワこしょう

インドネシア産の粒こしょう。辛みはほどほどで、香りが非常に高い。五香粉から八角を抜いたような香り。輸入業者：株式会社アルカン

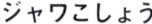

パラチノース（パラチニット）

ダイエットシュガーの商品名。白い顆粒状。製菓材料専門店で取り扱う。

栗の粉

栗を粉末に加工したもの。輸入業者：株式会社アルカン

索引
INDEX

あとがき

フランス語の辞書で dessert を引くと、食事の後に供される甘味、
と記されています。幾多もの皿——味覚、香り、色彩を経て、
その感動と余韻を締めくくる存在で、アミューズ・ブーシュから始まりデザート、
ミニャルディーズに至るまで、ひとつの旋律が流れていなければなりません。
私は料理人ですので、デザートづくりにおいても、食材の見極めを
一番大切に考えています。まずルセットありきではなく、四季折々に農家で
ふれるフルーツの色、香り、そしてその時々の空気を感じることが、
私にとってはもっとも大切です。
我われが使う食材は、自然が生み出す最高の味覚であり、人間の想像を
はるかに超えた素晴らしいものです。自然のなかで素材にふれ、それを皿の上に
どう表現しようかと想いを馳せるとき、はじめてデザートが形になるのです。
この法則は、料理を考えるときとなんら変わりはありません。
土、風、太陽の恵みを受けた自然の素材にじかにふれ、そこから発想する
というプロセスを見失わないかぎり、できあがる皿に間違いはないはずです。
本来、ルセットというものは、そうして生まれるものではないでしょうか。
本書のデザートは、信頼できる良きスタッフの協力と生産者の方々の情熱が
あってはじめて完成したものです。とくにラ・ロシェル南青山のパティシエシェフ、
猪俣淳寛君には感謝しています。
また、いつも自然の恵みについてご教示いただく農家の方々にも
厚くお礼申し上げるとともに、今後もこれまで以上のお付き合いを続けさせて
いただければ幸いです。
柴田書店の担当編集者、美濃越かおるさんには、前代未聞の長いルセットを
形にしてもらい、感謝しています。
本書デザートを通じて、ひとりでも多くの読者が自然に敬愛を抱き、
人間が自然を変えうる存在であることを認識し、
ユニークなデザートを生み出してくれることを期待しています。

2005 年 5 月
ラ・ロシェル南青山シェフ
石井義昭

著者略歴

石井義昭 いしいよしあき

1953年長野県生まれ。ホテル、フランス料理店、製菓会社で働いた後、'87年に渡仏し
「メゾン・ド・ブリクール」「ローベルガード」「ル・メゾン・ドゥ・マルク・ヴェラ」
「ジャマン」「マキシム・ド・パリ」などで修業を重ね、'91年に帰国。
'92年よりフランス料理店「ベル・フランス」で料理長を6年間務め、
'99年より坂井宏行氏経営のフランス料理店「ラ・ロシェル南青山」の料理長を務めている。
著書に『プロのためのハーブ料理テクニック』（柴田書店刊）がある。

ラ・ロシェル南青山
東京都港区南青山 3-14-23
電話 03-3478-5645

Dessert by Yoshiaki Ishii
Photographs by Takeshi Noguchi
AD, Book design by Yoshiro Nakamura / Yen
Design assistance by Eri Murakoshi / Yen
Edited by Kaoru Minokoshi

Special thanks
Atsuhiro Inomata (La Rochelle)
Naoko Hirata (La Rochelle)
Yuta Hirashima (La Rochelle)

デザートの組み立て方
L'ESTHÉTIQUE du DESSERT

初版発行　　2005 年 6 月 1 日
5 版発行　　2009 年 4 月 30 日

著者ⓒ　　石井義昭（いしいよしあき）
発行者　　土肥大介
発行所　　株式会社柴田書店
　　　　　東京都文京区湯島 3-26-9 イヤサカビル 〒 113-8477
　　　　　電話　営業部　　　　03-5816-8282（注文・問合せ）
　　　　　　　　書籍編集部　　03-5816-8260
　　　　　　　　振替　　　　　00180-2-4515
　　　　　　　　URL　　　　　http://www.shibatashoten.co.jp
印刷所　　日本写真印刷株式会社
製本所　　大口製本印刷株式会社
ISBN　　　978-4-388-05970-6
本書収録内容の無断転載・複写（コピー）・
引用・データ配信等の行為は固く禁じます。
落丁、乱丁本はお取り替えいたします。
Printed in Japan